山西古村镇系列丛书

山西省建设厅组织编写

上庄古村

薛林平 刘烨 王鑫
王力恒 于丽萍 欧曼 著

中国建筑工业出版社

图书在版编目（CIP）数据

上庄古村／薛林平等著. —北京：中国建筑工业出版社，2008
（山西古村镇系列丛书）
ISBN 978-7-112-10295-2

I.上⋯ II.薛⋯ III.乡村—古建筑—简介—阳城县 IV.K928.71

中国版本图书馆CIP数据核字（2008）第131067号

责任编辑：费海玲
责任设计：赵明霞
责任校对：李志立　刘　钰

山西古村镇系列丛书
山西省建设厅组织编写

上庄古村

薛林平　刘　烨　王　鑫　王力恒　于丽萍　欧　曼　著
＊
中国建筑工业出版社出版、发行（北京西郊百万庄）
各地新华书店、建筑书店经销
北京美光制版有限公司制版
北京中科印刷有限公司印刷
＊
开本：787×960毫米　1/16　印张：8 3/4　字数：210千字
2009年5月第一版　2012年9月第二次印刷
印数：2001—3500册　定价：**45.00元**
ISBN 978-7-112-10295-2
　　　（17098）

《山西古村镇系列丛书》

主　编：王国正　李锦生
副主编：张　海　薛明耀　于丽萍

《上庄古村》

著　者：薛林平　刘　烨　王　鑫
　　　　王力恒　于丽萍　欧　曼

丛书总序

　　我曾多次到过山西，这里丰富的历史遗存和深厚的人文底蕴，令人赞叹，给人的印象非常深刻。山西省建设厅张海同志请我为《山西古村镇系列丛书》作个序，在这里我就历史文化遗产和古村镇保护等有关问题谈一些粗浅的想法。

　　国际经济社会发展的经验证明，一个国家城镇化水平达到30%以后，城镇化进程不断加快，随之出现城市建设的高潮；人均生产总值达到1000～3000美元时，进入经济发展的黄金期，也是多种矛盾的爆发期，这个时期不仅可能引发各种社会矛盾，还会出现许多问题。我国城镇化水平2003年就已经超过了40%，人均生产总值2006年已经超过了2000美元，国民经济快速发展，城镇化进程不断加速；在城市建设日新月异的发展中，中央又审时度势提出了"两个趋势"的科学判断，作出了加强小城镇和新农村建设的决策。过去，我国城市的大批建筑遗存，正是在大搞城市建设中遭到毁灭性破坏。现在，我国农村许多建筑遗产，能否在小城镇和新农村建设中有效保护，正面临着严峻考验。能否处理好小城镇和新农村建设与古村镇保护的关系，保护祖先留下的非常宝贵、不可再生的文化遗产，是历史赋予我们义不容辞的责任。

　　对于建筑历史文化遗产的保护，人们的观念不断创新、思路逐步调整、方法正在改进，从注重官府建筑、宗教建筑的保护，向关注平民建筑保护的转变；从注重单体建筑的保护，向关注连同建筑周边环境保护的转变；尤其是近年来，特别关注古村镇的保护。因为，古村镇是区域文化的"细胞"，是一个各种历史文化的综合载体，不仅拥有表现地域、历史和民族风情的民居建筑、街区格局、历史环境、传统风貌等物质文化遗产，还附着居住者的衣食起居、劳动生产、宗教礼仪、民间艺术等非物质文化遗产。我国现存有大量的古村镇，其历史文化价值和社会经济价值都是巨大的，按照英格兰的统计方法，古村镇的价值应占到GDP的30%以上。然而，认识到这一点的人并不多，甚至有人认为古村镇、古建筑是社会发展的绊脚石，这种观点对于文化的传承和社会的进步都是极为不利的。在快速推进的城乡建设浪潮中，我们所面临的最大问题就是，大批历史古迹被毁坏，大批古村镇被过度改造，使中华民族的历史文化遗产严重损坏。在这个时候提出古村镇的保护，实际上是一项带有抢救性的工作。

　　2008年1月1日开始实施的《城乡规划法》，突出强调了保护历史文化遗产的重要性；2008年4月又颁布了《历史文化名城名镇名村保护条例》。历史文化名城保护工作已开展近30年，历史文化名镇名村保护工作也已启动，现在大家基本达成共识，保护有价值的古村镇，其实就是"保护文化遗产，弘扬优秀的传统文化……保持民族性，体现时代性"。但是，当前全国历史文化村镇保护的形势仍然不容乐观，保护工作极不平衡，一些地方还未认识到整体保护历史文化村镇的重要性，忽视了周边环境风貌和尚未列入文物保护单位的优秀民居的保护，制定和完善保护历史文化村镇规划的任务还十分艰巨；一些地区片面追求经济效益，对历史文化村镇进行无限度、无规划的盲目开发；一些地方擅自改变国有文物保护单位的管理体制，交给企业经营管理。

作为华夏文明的发祥地之一，山西有着丰厚的文化积淀和历史遗存，不仅有数量众多的古建筑，还保存有大量的古村镇。由于山西历史悠久、民族聚居、文化融合、地型差异等多因素影响，再加之较为发达的古代经济，建造了大量反映农耕文明时代、各具特色的古村镇。这些古村镇，一是分布在山西中部汾河流域，以平遥古城为中心，以晋商经济为支撑，体现晋商文化特色；二是分布在晋城境内沁河流域，以阳城县的皇城、润城为中心，以冶炼工业及商贸流通为支撑，体现晋东南文化特色；三是分布在吕梁山区黄河沿岸，以临县碛口古镇为中心，以古代商贸流通、商品集散为支撑，体现晋西北黄土高原文化；四是沿山西省内外长城，在重要边关隘口，以留存了防御性村堡，体现边塞风情和边关文化，在山西统称为"三河一关"古村镇。这些朴实生动和极富文化内涵的古村镇，是人类生存聚落的延续，是中国传统建筑的精髓；保存有完整的古街区、大量的古建筑，体现着先人在村镇选址、街区规划、院落布局、建筑构造、装饰技巧等方面的高超水平；真实地反映了农耕文明时代的乡村经济和社会生活，凝聚了劳动人民的智慧，沉淀了中华民族的优秀文化，传承了丰富的历史信息；具有浓郁的地方特色和很高的研究价值，是人类共同的文化遗产和宝贵财富。

山西省建设厅一直对古村镇及其文化遗产的保护非常重视，从2005年开始，对全省的古村镇进行了系统普查，根据普查的初步成果，编辑出版了《山西古村镇》一书；同年，主办了"中国古村镇保护与发展碛口国际研讨会"，并通过了"碛口宣言"。报请省政府下发了《关于历史文化名镇名村保护工作的意见》，并分两批公布了71个"山西省历史文化名镇名村"，其中18处已经成为"中国历史文化名镇名村"。为大部分古村镇制订了科学的保护规划，开展了多层次的保护工作，逐步形成了科学、合理、有效的保护机制。为了不断提高人们的保护意识，他们又组织编写了《山西古村镇系列丛书》，本系列丛书撷取山西有代表性的古村镇，翔实地介绍了其历史文化、选址格局、建筑特色、非物质文化遗产，内容较为丰富。为了完成书稿的写作，课题组多次到现场调查，在村落中居住生活了相当一段时间，积累了大量第一手资料。通过细致的测绘图纸和生动的实物照片，可以看到他们极大的工作热情和辛勤劳动。这套丛书不仅是对古村镇保护工作的反映，更有助于不断增强全社会的文化遗产保护意识。让我们以此为契机，妥善处理保护与发展的关系，做到科学保护、有效传承、永续利用历史文化遗产，不断开创历史文化名镇名村保护工作的新局面。

是为序。

住房和城乡建设部　副部长

目 录

C　　　　O　　　　N　　　　T

上庄
SHANG
ZHUANG
古村

ENTS

上庄

SHANGZHUANG GUCUN

【第一章】

综述

图1-1 上庄古村全景鸟瞰照片

图1-2 上庄村区位图

上庄古村（图1-1）位于山西省晋城市阳城县东部，润城镇中部偏东，距晋城市区大约37.4千米。古村西邻中庄村，北邻东山村，东邻北留镇的郭峪村（图1-2）。村中有河流穿过，称为"庄河"。村落位于庄河上游，因而得名"上庄"。村行政辖区范围东西宽约1.4千米，南北宽约1.6千米，总面积2.25平方千米（图1-3）。辖区内大部分地貌为丘陵和山地，村落位于辖区西部的山谷

中，沿庄河向东西延展。

　　村落地势东北高、西南低。庄河从东北流向西南，将村落分为南北两部分。村落四面环山，当地人称之为"十山九回头"。村北有盘坡、高岭圪堆、山神坡、西地后等山头；南部，从后沟开始，由东至西依次为社地圪堆、南坡、鳌凤岭、南岭、则目腰、花尖上、黄沙岭。最高处为高岭，海拔715.4米；

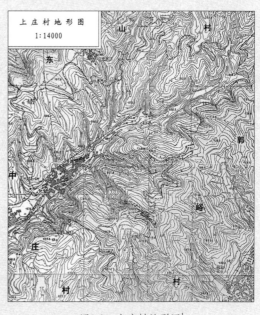

图1-3　上庄村地形图[1]

上庄村地形图
1:14000

1 根据1983年国家航空测绘图编制。

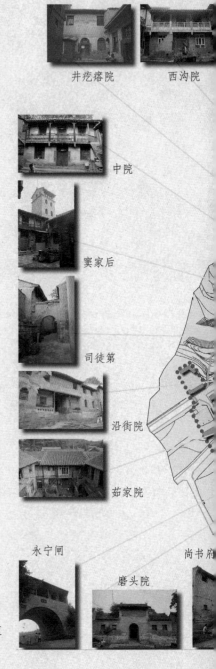

最低处为闸口底，海拔576.8米（图1-5）。村内植被以松柏居多，还有榆树、桐树、槐树和少许果树。

古村现存格局在明代中期基本形成，现在仍保存完整。"水街"（即庄河河道）和"中街"是古村的东西向交通干道，与南北向的龙樟沟、茹家巷、居仁巷、广居门巷等巷道相连，形成村落基本的道路系统。现存历史建筑主要集中于水街两侧，基本保持原貌，部分南北向巷道旁的建筑也保存得较为完整。庄河在村内呈S形走向，两侧建筑沿河道蜿蜒排列，形成错落起伏的天际线。这些建筑分布于河道两侧的缓坡上，其中南侧建筑较少，而北侧建筑居多。河道南侧建筑现存有尚书府、新台上、进士第等院落，另在香炉峰上有南庵庙一座；河道北侧建筑沿水街由西向东，依次有茹家院、司徒第、望月楼、参政府等院落；在水街和中街的交会处，是樊家历史建筑群，即樊家庄园；中街两侧现存历史建筑较少，有北庵庙、牛家疙瘩、窦家后、西沟院等。这一区域空间结构完整，传统风貌完好，视觉景观连续，历史建筑集中，集中体现了上庄古村的历史文化价值（图1-4）。

上庄古村崇尚文教，产生过许多历史文化名人，如明万历名臣王国光、明末忠臣王徵俊等。村内保存有从明、清至民国等各个历史时期的建筑，反映了明、清、民国期间该地区经济、政治、文化的发展和演变。2007年，上庄村被列为山西省省级历史文化名村。2008年被住房和城乡建设部评为中国历史文化名村。

图1-4　上庄古村主要历史建筑分布
（红色区域为"上庄古村"区域，蓝色区域为上庄村建成区域）

井疙瘩院　西沟院

中院

窦家后

司徒第

沿街院

茹家院

永宁闸

磨头院

尚书府

上疙瘩　下疙瘩　牛家疙瘩　北庵庙　　秦家楼　　　　樊家新院　樊氏宗祠

图邻院

树德居

尊四本

迎山居

厅房院

赵家院

新台上　　　　　　　　　　　　　　　广居门　进士院　望月楼

　　杨家楼　　　南庵庙　　　　　　　　　　　　　河边院

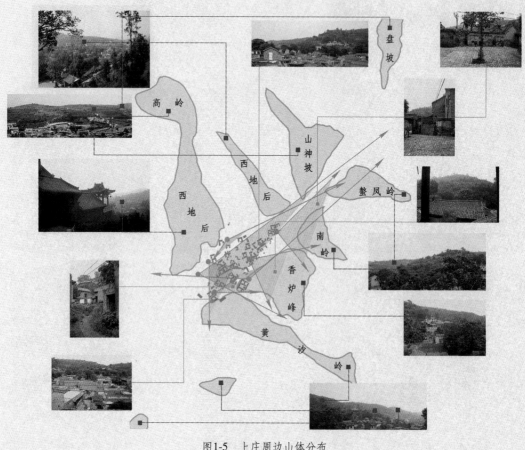

图1-5　上庄周边山体分布

第二章

上庄古村的历史和文化

上庄古村

一、上庄古村的历史沿革

1. 古村溯源

上庄古村至今约有600年的历史，其名字几经变更。根据清同治《阳城县志》、村中碑文、《王氏正派谱序》、《阳城县乡土志》以及村中历史建筑等推断，村落格局形成于明初。

《水经注》中云，"沿河上下，步径栽通，小竹细笋，被于山渚，蒙笼茂密，大为翳荟，翠柏荫峰，清泉灌顶，峰次青松，丹青绮分"。所说便是北魏时太岳山区沁河流域的自然地理状况。当时这里松柏茂密，被称为"黑松沟"。宋末元初，北方战乱，为避祸害，李、曹、孔等姓由太原等地先后南移，来到黑松沟，伐木筑室、辟林为田。于是黑松日渐稀少。上庄古谚云："黑松尽，白屋出"。这些只是传说，现已无实据可考。明代上庄与中庄、下庄统称为"白巷里"，这一称谓沿用至清代。白巷里取自"白屋"之意，寓意"青云之志，白屋之人"。到了清中期，冶铁业快速发展，当时从村东樊山往下看，整个沟中遍布炼铁炉，火光冲天，故又被称为火龙沟。随着清朝被推翻，里坊制也被取消。民国6年（1917年），白巷里的名字被废除，遂更名为上庄村。

根据村中传说，村内在宋代即有人居痕迹。因为没有相关建筑遗址和文字记载，所以无法予以证实。根据现存碑文，可以大致推断出至迟在元代时村内已有人定居，距今约有600年。村中现存最早的建筑是北庵庙，位于中街北侧。庙内有《金妆太清诸神像并补修二卧碑记》，云："吾邑崇仙庵，代不可溯，元道士夷然子实重建之漏……明万历四十二年十二月吉　晋进士邑人笔洞居士王微俊谨记。"碑中所记"崇仙庵"即是北庵庙。但仍有疑问，碑文写于明万历四十二年（1614年），距元末（1368年）近250年，"元道士……重建"的真实性仍有待考证。

此外，通过对当时社会背景的分析，亦可以推断出北庵庙的建成时间。首先，上庄村在元末明初冶铁业较为发达。阳城县在明洪武年间（1368～1398年），生铁产量就居全国第五，到明天顺年间（1457～1464年）已达全国第一。此外，村内现还保留有许多铁制品，如铁制排水沟和铁制建筑装饰构件。其次，村民为求炉旺风顺、冶铁顺利，会在庙宇中供奉神祇。据碑文记载，北庵庙中曾供有太上老君，其为"铁匠的祖师爷"，掌管冶铁业。

随着明代王氏迁入，上庄村逐渐形成现有格局。根据现存王氏家谱及建筑脊枋（当地村民称之为"横梁"）的记载，上庄村内的历史建筑多为王氏所建，村内的居民也以王姓居多。此外，村内现存建筑大多数是明代建筑风格，简单朴素，装饰较少，如尚书府、参政府等院落。后来亦有外姓家族迁入村内，院落和街巷名称反映了这一现象，如窦家院、茹家巷等。

2. 古村早期的情况

解读王氏家谱[1]，可以了解到上庄古村早期的历史。此家谱自明代万历年间王国光命弟王化初创至今，记述了上下26代约500年的王氏家族历史。家谱除记录现实，亦可以勉励后人。凡取得功名者，不论大小，均记载于家谱中（图2-1）。

元朝末年战乱纷起、社会动荡，百姓四处迁移。根据王氏家谱记载推算，从王氏一世迁入，到有年号记载的六世祖王遵（明成化年间），之间相隔5代，共约百年时间。由此推算，王氏一世祖应生活于明洪武年间。家谱（图2-2）中云："我王氏溯其先自潞安府小石

图2-1　现存王氏家谱

图2-2　记载了王氏迁入上庄村历史的家谱

---

1 家谱又称族谱、家乘、祖谱等，是一种以表谱形式，记载一个以血缘关系为主体的家族世系繁衍和重要人物事迹的特殊图书体裁。一部家谱是一个家族繁衍发展的真实记录，它全面地记载了一个时期内一个家庭全部男性成员的姓名以及始祖来源、支派繁衍、迁徙等情况，并附有家训、家规、家法等情况。家谱对家族历史的研究有着重要作用。

桥始迁可乐山，后乃移居白巷里，而生于斯，长于斯，聚族于斯也，越三百余载……十八世孙道亨谨识。咸丰建元新正月榖旦。"若由咸丰年间上溯500年，大致推断也应该在明洪武年间。这两种证据都说明王氏迁入上庄应在洪武年间，距今约有600年历史。从那时起，王氏家族的命运就与上庄古村落的命运紧密联系在一起，其家族的兴衰也决定了上庄古村落的兴衰变迁。

3. 王氏家族的兴起

图2-3　王国光画像

王氏在迁入上庄村之初，以农耕为主，兼而注重文教。所谓"耕读传家久，读书继世长"在村内广为流传。王氏家谱记载，"吾王氏……尝以清贫，自守义方远。洽积善累德，耕读传家"。正是在这样的人文环境中，村民们以此为家训，世代相传。到明成化十年（1474年），王遵考中举人第二名，是上庄村自有记载以来最早的举人，也是上庄村文化教育事业的奠基人。王氏家谱有云："先世太原五迁，而籍白巷，以农事起家。祖父积德累仁，传六世，至遵公中亚元，□斯文统。"王遵是上庄王氏第六世祖，在学生时代就乐于读书，尤其精通易经，阳城县无人能比。王遵中举后，看到仕途险恶，士大夫大多数命运多舛，渐对功名利禄失去了兴趣，于是便隐居在上庄村山林水泉之地，开设学堂招收学生，可算作上庄文化的启蒙者。

在明、清时期，王氏家族一共产生了5名进士、5名举人（其中有1名武举人）、25名贡生、60名秀才、8名礼部儒士（未列入贡、监、生员内）[1]，其他任杂职的如县丞、侯门教谕、经历、布政使知印等12人（均未列入贡、监、生员内）。其家族成员出仕为官者，达20多人。其中最有名气的便是明嘉靖年间的进士、后来成为明万历年间著名丞相的王国光（图2-3）。

---

1 详见附录2、附录3。

4. 王氏家族与上庄村的繁荣

上庄古村以诗书育人，以功名兴家，"天官"王国光便是其中的典范（图2-3）。《明史·王国光传》记载："王国光字汝观，号疏庵，阳城上庄人，嘉靖二十三年（1544年）进士"。作为著名政治家张居正的得力助手，他官至吏部尚书，加太子太保。

王国光仕途坎坷，几进几退，先后在多个地方做过官员。他在考取进士功名后，先被授为吴江知县，后又调任仪封，提升为兵部主事，再改吏部，担任文选郎中，之后又屡迁户部右侍郎。明隆庆四年（1570年），任刑部左侍郎，拜为南京刑部尚书，未及上任又改任户部。明万历三年（1575年），王国光在京官考核中被南京给事、御史所弹劾，上书坚决辞职，到第二年才被批准。万历五年（1577年）冬，吏部尚书张瀚被罢免，王国光被起用代替其职。此后数年，王国光数起数落，直至告老还乡。

王国光长期在京任职，做地方官的时间较少，但却能够设身处地为民考虑。他为官清正廉明，聪慧又有胆识。其一生著有《万历会计录》和《王疏庵率意稿》，其中《万历会计录》是以货币代实物、进行税赋改革、推行"一条鞭法"的主要依据，后成为明清税赋制度的准则。他写的奏章则被合编为《司铨奏章》（图2-4）。上庄古村有许多关于王国光的传说。如"'小诸葛'惩治'老冬瓜'"，讲述王国光如何智斗地主；"王国光上门撕休书"，促成一段美好姻缘；"王国光翼城选皇妃"等，意在颂扬其嫉恶如仇、智慧过人的品格，表达村民对王国光的崇敬之情。

王国光还留下了不少书法和诗词。《阳城县志》里的国光公传中提到："国光善诗工书，游览所至，即题诗挥毫，遗迹甚多。他的诗和字给人以潇洒飘逸、卓然不群之感。"现录其诗作《仙间》，可见他的文采与心胸。

仙 间

仙居遥在水云西，一入青冥万壑低。
拔地石精盘虎豹，撑天华表挂虹霓。
横开锦翠光疑溜，乱踏琅玕步欲迷。
隐隐虫书环四壁，前程犹自显标题。

图2-4 《司铨奏章》

图2-5　王国光的诗碑

他的诗部分被刻成碑文（图2-5），部分收录在家谱里，另有一些散落民间，现有部分收录于《润城镇古诗文选》中。

王国光对王氏后人产生了很大的影响。王氏十二世孙元机所撰《王氏宗志》记载："余□当伏思，先世之作，想象其为人，必勤必俭，至厚至诚，修仁行义，积善累德，所以至于太宰公能光显吾先人，以启佑我后昆也。"其中提到的太宰公指的就是王国光。还提到"又三世，国光公成进士，位公保太宰四世晋□一品，王氏始昌，大焉。"可见王国光对王氏的影响。王国光所取得的成就不仅光耀门楣，更启迪后人，激励着王氏一族的发展。正如文征明为王国光父所作诗文中写到："王屋峨峨，松阡郁郁。有偕斯藏，以永无泅。"[1]

在王国光之后，又有王淑陵、王徵俊二人分别考取进士，延续着古村的荣耀。王淑陵字之义，明嘉靖乙丑年（1565年）进士，官至湖广布政使司左参政，官阶二品。村中的进士第是其早期居住之处。王淑陵为官执法严峻，对百姓仁慈有礼，深受民众爱戴，民间纷纷为其塑像。王徵俊是王国光的堂弟王潜光的孙子，字梦卜，号笔峒居士，明天启乙丑科进士。明末，朝政衰败，国势危急，各地农民起义不断。王徵俊临危受命韩城知县。由于其捍卫有功，不久即迁升山东右参政，监其军，分守宁前道。正当此时，家逢大丧，遵明祖制，回家丁忧。其时，闯王义军声势浩大，明王朝岌岌可危，王徵俊自然是明察于心。明崇祯十六年七月，王徵俊含悲安奠了先祖及父母灵位，随后便自缢了。据明史记载，"（王徵俊）受韩城知县。崇祯初，流贼来犯，御却之。坐大计，谪归德照磨。巡按御使李日宣荐于朝，给事中吕黄钟请用天下必不可少之人，亦及徵俊。乃量，移滕县知县。累官右参政，分守宁前，以忧归。十七年二月，贼陷阳城，被执不屈，系之狱。士民争颂其德，贼乃释之。抵家北面再拜，投环卒。"王氏家谱有载："……遭李闯之乱，大书八字，云：身不受辱，义难自免。雉经死之，为明忠臣，永光史册。"

除此之外，王氏族人亦不乏在外经商者。王淑陵的儿子王溥为药王庙撰写的碑文中，两次写道"吾君以贸易归"。上庄古村中的很多庙宇，都是由王氏家族内的经商者集资募捐建成。

---

1 详见附录5。

5. 上庄古村其他家族的兴起

王徵俊自缢，明朝覆亡，村落渐渐步入低谷。在相当长的一段时间内，王氏陷入了沉寂，对于这一段历史，家谱中亦无详细记载。

直至清朝初年，全国经济逐渐复苏，政治局势趋于稳定，上庄古村也从战乱中恢复过来，王氏亦有新的发展。至康乾盛世，又出两名进士，一名武举人。但是到了清末，政治腐败，军阀混战，经济衰退，这些社会因素导致整个中国处于萧条时期，上庄似乎再也难以重现明代的辉煌。在广居门旁发现的碑文（名称不详）记载了这一时期的情况，云："由来已久，嘉隆年间村中人文蔚起，乡先哲缔造经营，煞费苦心。每年四月八日，信男善女远道来临，□□不必言。迄今，代远年湮，渐就凋零，其庙貌已非本来宏庄，推原其故，益因吾村自道咸而后概无大贤□。□与，及遭光绪三十年，更疲败不堪，无有力者以兴，且更无有能者兴之者。风雨摧残，以至于人去□，壬戌余□四月八日，来庙拈香，见大厦将倾，不可一日之因，速召集村中诸同志者，即日估工，重为修葺。工既成，用□□纪念。"村民们不仅把生存的物质希望寄托于庙宇的神灵，精神上更是如此。所以，村内的萧条状态，以及人们对未来生活的希望，促使村民们集资重新修建庙宇。

但是庙宇毕竟只是精神上的寄托，即使修葺完好也难有实质效用，古村仍然处于萧条之中。随着清朝的日趋没落，王氏家道中落，一些宅院开始对外出售。通过解读现存地契（图2-6），可以知晓这一时期村中的情况。这张地契上所记如下：

立永远杜绝死契。文约人宋辛未，因无钱使用，今将原买到竹园则地基一块，北至墙外根齐，南至张姓滴水齐，东至买主西房滴水东南角小门外墙根齐，西至河北院滴水齐，五至以内，上下金石土木相连，人行道路，天水透流。依古迹，央中说合，出死契卖与王家相名下，子孙永远为业，任意修理。因书明当面受过，时值此价，大钱一十五千文止。即日钱业两明，各无反悔，此系二家情愿，永无异说，恐口不凭，立死契存证。

咸丰 年 月 日立永远死契文约人宋辛未

同中人 刘昭达 卢瑞

这段地契现存于参政府竹园则院，可以说明如下几点：首先，王氏曾家道败落，才可能

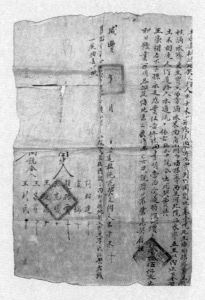

图2-6 地契照片

将竹园则出卖，是否直接卖于宋辛未则并不可知。古人将土地视为家里最宝贵的财产，地产的多少是家族兴衰的标志。所以非不得已，不会轻易变卖土地。其次，出于对家族土地的重视，王氏又重新买回竹园则。竹园则内其他地契均称王氏因缺钱，将院落卖出，但一旦攒够钱，必将院落买回。再次，上庄古村除王氏还有其他家族，是一个多姓氏组成的村落。"立永远杜绝死契。文约人茹甲森……卖于王天祥名下……"所说是茹姓将院落卖于王家。茹姓较为少见，可以推测茹甲森即为现在茹家院主人的祖先。地契中提到："立杜绝死契。文约人李木林今因去年契买到王梦□等，本院西楼上下六间院，外以西地基一块，窑房一座，厕坑二所，井一座……卖于王永长、王梦□、王梦祺"，意指王家兄弟因无钱，将院落卖于李木林，后来攒够钱，又将院落买回。

除王氏，徐氏也是上庄的大姓人家。徐氏第八世徐君焕在明末迁入上庄，后买下参政府的仰山居，居住至今。徐氏的家谱上这样写道："明中山王之第，洪武廿三年□徐明威将军，太仓州万户侯□□参阅十一世孙守基沐手敬跋，咸丰六年岁次丙辰清河月上浣。"其中"明中山王"是与明太祖朱元璋一起打天下的徐达。若家谱所载属实，那么上庄徐氏应是明代开国功臣徐达的后代。若以25年为一代计算，根据徐氏家谱的记载，徐氏在此院内已有20代。除了徐氏，上庄古村还有茹家、窦家等人家居住。

清中期以后，上庄村农业生产较为落后。根据清同治《阳城县志》记载："阳城山县，辟处陬隅之所，生既无珍异奇瑰足号于天下，且地多高岩深谷，少平畴沃野以资播艺，即稼穑之利民犹难之。"因生活艰难，村民开始谋求其他生路，纷纷外出经商。当时村内七成村民都外出经商，这一带曾流传有"郭裕三庄上下伏，想汉老婆两千五"的说法，可见外出经商者人数之多。民国年间由于战乱，外出的商人才弃商返乡。

民国时期，樊氏家族的出现打破了上庄村固有的姓氏家族格局。上庄樊氏以商兴家，自清咸丰年间迁入上庄，传至三世樊次枫时，其产业已具相当规模，包括煤炭业、针纺业、盐、钱庄、当铺等，当时的山西保晋公司等企业都有樊氏股本。樊次枫本名振声，其父樊玉林于清末迁居上庄村。日寇进犯时，樊曾主使招待日军。1937年9月18日国耻纪念会上，樊被阳城县抗日政府以汉奸处决。

樊次枫是一个备受争议的人，他出生于富商家庭，后来担任军阀阎锡山的秘书。清光绪末年考中附学生员。1911年毕业于山西法政专门学校。凭借雄厚的资金，樊次枫的父亲曾多次资助阎锡山的晋绥公署秘书长，即沁水人贾景德。而樊次枫又靠这层关系坐上了秘书处副处长的宝座。樊家自此盛极一时，现存樊家庄园内的樊圃便是那时候所建。

二、上庄古村的民俗文化

1. 祭祖与敬神

1) 追忆先人的牌位

　　山西古谚有云"要想富，敬祖父"，从侧面反映了对祭祖的重视。作为以血缘为纽带进行聚居的群落，血亲关系尤为重要。平日里同一血脉相互提携、共度难关；先人逝去，后人则要行组礼数，既是对逝者的尊敬，也希望逝者可以庇佑后人。于是，祠堂成为联系村民的重要场所。上庄村现存三处祠堂：一处在水街北侧，为纪念王国光所建，是全村的公祠；另一处在参政府院内，为纪念王徵俊所建，属家祠；还有一处是中街樊家庄园的樊氏祠堂，亦是家祠。

　　明代之前，只有官员可以兴建家庙，一般百姓没有这样的资格。寻常人家祭祀祖先，会在厅房或正房墙边摆一条长几，在长几上放置先人牌位，常年以香火供奉。以牛家疙瘩院厅房内存放的祖先牌位为例（图2-7），这些牌位均有木质外罩，并以镂刻为装饰，木罩内的木板上以正楷字体书写。木质外罩吉祥图案多采用蝙蝠和变形的寿字，雕刻精致。如

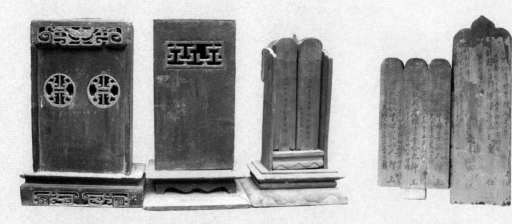

图2-7 牛家疙瘩院厅房祖先牌位

图2-8　沿街院正房内祭祖的牌位

果按着时间顺序，依次记录牌位上的内容，就可以整理出近百年的家谱（图2-8）。

村民常常在祖宅或者长子的房屋里，摆放先人的画像或者照片（图2-9）。一般在靠墙处摆一张条几，条几前放置方桌，方桌两侧各一把椅子。在条几正中摆一面镜子，镜子两侧是辈分最高的先人，再两侧分别是后一辈的，依次而列。大多数人家的照片或画像都不超过三代人。

2) 杂糅的民间信仰

祭神在传统生活中有着不可替代的地位。同农耕时代的大部分人一样，上庄村民也有很多对

图2-9　樊家庄园樊圃内倒座房人家的
　　　　先人画像及照片

图2-10　村西口永宁闸

美好生活的期望，如希望五谷丰登、家业兴旺、平安度日，于是修建了庙宇，供奉神祇，祈求诸神帮助以实现美好愿望。所谓"无庙不成村"，村民将这种精神寄托与村庄建设联系起来。根据古村落选址经营的要求，上庄村四方各有庙宇镇守，村口西部有永宁闸（图2-10），村南有南庵庙（炉峰院），村北有北庵庙（崇仙庵）（图2-11），西地后山坡上还有山神庙，村东山上设有药王庙，山脚下有药王池。

　　永宁闸位于村口，闸上的神像，西为关帝圣像，东为观世音圣像。北庵庙内供奉太上老君。南庵庙（即炉峰院）是上庄村现存最完整的庙宇。从碑文中可知南庵庙是村民进行春祈、秋报两次重大祭祀活动的场所。所谓春祈即春种时祈告许愿，秋报即秋收时还愿。南庵庙正殿内供奉关帝像，配殿是风神殿和五谷殿。正殿前拜亭两侧分别供奉五瘟神和菩萨。西侧院内供奉高禖神，配以文昌、观音两阁，右侧的殿内供奉孔夫子。下院设有始祖殿、佛祖殿、老君殿（图2-12）。

　　南庵庙内供奉的各路神仙，既有道家的也有佛家的，既有关于耕读文化的也有关于冶铁的。其中，正殿内供奉的关帝在中国传统文化中既是武财神又是仁义的化身。另外，上

图2-11　北庵庙

图2-12　南庵庙内供奉诸神的殿宇

图2-13　村东药王庙白皮松

图2-14　村西山坡上古柏

庄村人以耕读传家，期望牲畜健壮，田里无病无灾，所以供奉五瘟神和五谷神。读书自然盼望金榜题名，光耀门楣，所以建有夫子殿和文昌阁。其中，文昌阁内供奉文武主考一应俱全。为求多子多福，村人在高禖殿内设有送子母、广嗣母的像，甚至还为孩子能顺利长大，设置了保育母和哺乳母像。庙里每一尊神像都代表着村民对生活最朴素的愿望。

村东半山的山寨里建有药王庙和火星庙，其中药王庙现仅存部分基础。药王庙原正殿内墙壁上绘有历代十大名医的壁画。庙东沟内有六角井，是传说中的药王井。旧时，常有县内善男信女到这里求医、问药、保平安。

现在，在原药王庙中轴线一侧，还生长着一株数百年的白皮松（图2-13）。王秀云老人1937年出生于上庄，一直生活于此。根据这位老人的回忆，白皮松原是对植，相传具有治病疗伤的功效：将东侧一棵树皮割开，收集树上流出的液体，涂抹在伤口上能够促使伤口裂开，脓水流出；而西侧白皮松的汁液则有加快伤口愈合的功效。现白皮松仅剩一株。

上庄村西南山坡上有一棵古柏（图 2-14），与药王庙前的白皮松功用相近。上庄村居民将柏树作为神来信奉。树的枝杈上系着长短不一的红布条，代表村人祈福时的美好愿望。若是家里有体弱的孩子，就将孩子的生辰八字写在红条上，然后写明送与古柏作为养子或养女，希望得到古柏的庇护。

上庄古村的庙宇都是多神共处一庙的，这正是中国人"民神杂糅"、"多神崇拜"的体现。中国人的哲学是以人为本，诸神的

图2-15　沿街院正房内供奉财神和灶王爷的神位

供奉更多地反映了人们对生活的希望。古村各宅院内常用"姜子牙"[1] 镇宅，或是在屋内墙角供奉财神和灶王爷牌位（图2-15），而且几乎每院正房的二层或看家楼均供奉有"老爷"。"老爷"是一种信奉的总称。据了解，相应的崇拜对象有狐、猫、蟒等，均尊称为"老爷"。即使在住房紧张的20世纪80年代，一般人家三层的房间都是不住人而供奉"老爷"的。而且村中规定，供奉"老爷"的房间，除本族男性之外其他人不得入内。

2. 礼乐

1) 礼教

王氏家族的兴盛与其家教相关，其中家规家条发挥了重要作用。中国的封建社会以长为尊，所谓"百善孝为先"，家规家条均以长者利益为重，任何违背这一点的族人都要受到家法严惩。王氏的家规亦非常严格，如家谱中《律条》中所记载：

"诉讼门，六条。一告祖父母父母者，虽得实，杖一百，徒三年。诬者绞。一告期服者，虽得实，杖一百，诬者加本罪三等……骂詈门，六条。一骂祖父母父母者，绞。一骂胞兄者，杖一百。一骂伯叔父母者，加骂胞兄，罪一等……斗殴门，六条。一殴祖父母父母者，斩。一殴胞兄弟者，杖九十，徒二年半。一殴伯叔父母者，加胞兄，罪一等。"（图2-16）

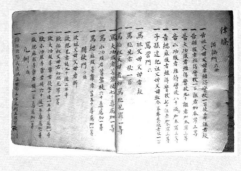

图2-16　家谱内的《律条》

---

1 详见第五章。

镲、锣、梆子、快板

柳琴

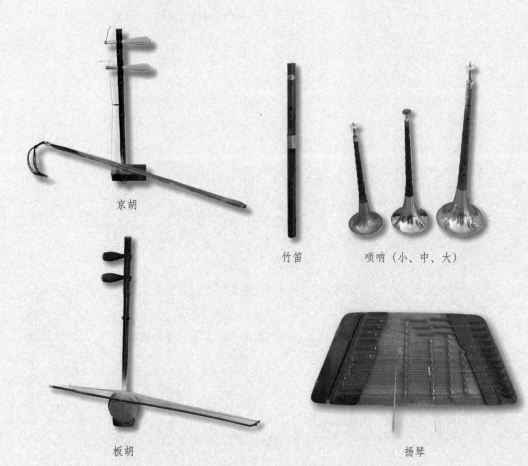

京胡

竹笛

唢呐（小、中、大）

板胡

扬琴

图2-17　八音会乐器的照片

图2-18　八音会活动的场景

2) 音乐

"八音会"是民间组织的音乐班子，是上庄古村音乐艺术的汇集。"八音会"所吹奏的曲目很多，有紧长皮、慢长皮、四起头、急急风、大十番、小十番、节节高、戏牡丹、四十八梆、老花腔等，共90多种。清代和民国初年，阳城县的八音会达到鼎盛，几乎村村都有。逢年过节、迎神赛社或丧葬嫁娶，八音会都要热闹一番。20世纪50年代以后有所变化，增加了大鼓、大镲、叫钩、碰钟、提琴、扬琴等乐器[1]。

八音会出自农民，为村民所喜爱。凡是遇有婚、丧、迁居、做寿、孩子满月等事，八音会都会集体应邀前往助兴、捧场。演唱时，八音会成员围坐一圈，自打自唱，不穿戏服，角色也不固定，可以互换。主人家就用烟酒、宴席招待八音会成员。每逢过年过节邀请多时，八音会成员经常在村内演奏，会员们一天吃上几桌酒席都是常事。上庄古村的八音会始创于何时无从可考，入会者都是本村农民。每个会员都要学会至少一种乐器，如鼓、锣、钹、镲、笛、箫、笙、管、弦乐等（图2-17）。八音会多在农闲时或者阴雨天晚上活动。几百年来，八音会里都是父子相承。会员把自己所熟悉的音乐排调和演奏技术传授给自己的孩子，等到孩子长大能够入会代替父亲。

解放前，八音会往往在一些特定的节日，集体出村烧香赶会，会员都穿长衫、戴礼帽、颈插三角形、红色、白裤的"令字旗"，排成两队，一路吹打演奏，颇受人欢迎。现在八音会还常常活动，会内的活跃者会三种以上乐器（图2-18）。不论旧曲还是新调，会员们都能演奏。八音会是在农村自己生长起来的乐队，为的是在一年的农闲时节消磨时间，自娱自乐。生于斯长于斯，离开了村子和土地，八音会就失去其原生态的气质。但是现在村中年轻人对八音会的热情不及从前，其发展还需要更多人的努力。为顺应时代，上庄成立了阳城

1　山西省阳城县志编纂委员会，阳城县志，海潮出版社，1994年11月，P338。

图2-19　"上党梆子"剧团在上庄演出

县内最大的军乐团，常常受到邀请参加演出。活动总在农闲时，赶上农忙时间，谁也舍不得离开地里的庄稼去赴约。

除却"八音会"和军乐团，村中老人喜欢观看"上党梆子"。每当村里面请剧团来演出时，村委会的舞台前总会摆上几根很长的木头，老人们就三三两两地坐在木头上，与舞台上的演员一起喜怒哀乐（图2-19）。

3. 诗书传家

古人喜爱诗文，上庄文人亦留存有大量诗文作品，其中以王国光的最多。他平生喜爱游览，足迹所至，必有诗作。他的文章诗赋颇具气魄，潇洒飘逸，卓尔不群，如《送六弟汝成司训固始》有云："少年气概何娇娇？野鹤长思际云表。万里未能振羽翰，吁嗟我弟非凡鸟……桃李春风拂绛帐，青衿环立倾相望。寒栖未许动时人，高标敢拟轻公相……图书渊海名河洛，辞赋风流宛如昨。直寻吾道三千流，昂首中原一振铎。"

王国光还写过关于上庄的诗篇，例如《山庄登五接楼远览》："晓日危楼上，俯看神自惊。云连高栋碧，鸟度画栏平。笑语天边落，峰峦眼底迎。先人好居此，爽气接蓬瀛。"这首诗是王国光回乡养病时所写，诗题中"五接楼"就是王国光故居尚书府中的五层看家楼。再如《九日少晴，早登崇仙庵》："冲泥难远出，姑上羽仙台。白巷谁相同，黄花为早开。巨觞愁日短，破帽任风摧。千古思陶令，佳时即放怀。"崇仙庵即北庵庙。

王国光一生政途非常坎坷，通过吟诗作赋，既抒解其身陷囹圄时的苦闷，亦感叹度过难关后的释然。《至家》是王国光最后一次被罢官时所作："扫却浮云态，今来叹昨非。赐麟宁不愧，失马敢图归。有客开春瓮，无人扣夜扉。儿孙争睹貌，为我浣尘衣。"体现出被罢官后的无奈之情。然而不久，王国光又官复原职，心中唏嘘不已，"余任吏书，被论归里。方一月，梦小庭后檐，悬日如车轮大，中有玉兔跳跃不停，光照一室，纤毫备见，乃惊寤。云：'何兆也？'此系季冬一日。至七日，有人报云：'皇上温旨，王国光着复原职致仕。'深惭下方。何修得此？偶出俚语，志遭际也。""一官淹留久，任真怨自丛。风霜多晚岁，日月照孤忠。眷命问天上，温纶彻里中。老臣惊雪涕，回首子孙同。"

南庵庙中留有部分王国光的诗词碑刻，有一首是其告老还乡时所写，云："豪华今古噫堪怜，妄自蹉跎误岁年。笑态风云时刻里，飞棱日月笑谈间。且追洛下耆英会，岂美长安尺五天。恶归未必非全福，一日轻闲一日仙。"。他的诗告启后人，能够享受田园生活是人生福分，何必自寻烦恼。

王国光对家乡的感情十分深厚，他告老归乡后，写了很多有关家乡的诗。其中《至里中》较为有名，云："一别西山六易春，为怜哀暮乞闲身。倦飞云鸟还巢木，懒去骅骝绝士尘。绿野堂深偏爱客，白鸥江静漫垂纶。清时乐事无多日，莫笑疏狂老兴新。"从中，可见他晚年归乡后逍遥自在的情形。此外，他还留有这样的诗句："细雨初晴过上村，□浆犹若语音存。王孙落泪空瞻早，客子回家忆倚门。如泣松乌啼白昼，无情石虎卧黄昏。制词幸得蟠龙碣，奕世扬名表后昆。"是王国光清明节去上伏村给祖先扫墓时所作，以此凭吊古人，勉励后人。

除了王国光，王楷符和王豫泰的诗文亦为人津津乐道。王楷符是王国光堂兄王言的第三世孙，清康熙十三年（1674年）乡贡，清康熙癸丑年（1673年）岁贡，曾任山西大同府应州山阴县儒学教谕，他著有诗集，惜已失传，仅留诗一首，即《新秋登观音堂》："高阁悬山半，登临生远情。步移渐空霭，风定亦秋声。涨水为流细，晴岚入槛平。此观应未改，重与说分明。"这首诗是他登观音堂（即现在南庵庙内观音堂）时所作，寄情于观音堂，叹物是人非。

王豫泰初名晋泰，字介山，号见山，嘉庆廪生，王道的第七世孙，曾是司徒第梅院的主人。他是田园诗人，学问渊博，以诗酒为伴，尤长于古近体乐府诗。其人淡泊功名，如诗中所写，"有花有酒且高歌，百岁人生能几何。富贵功名吾自有，但及生前未为过。"此人好游历山水，遍涉山东、河南、河北、山西、江浙等地，与文友酬和对酌，乐此不疲，所谓"我生未遂五湖志，对之暂喜神魂通"。张晋有诗赠他，云："自得王郎后，为诗有替人。眼中吾未老，笔下尔何神。一笑倾家酿，高歌岸角巾。倘能频过从，敢惜指迷津。"以赞颂其诗词造诣之高。王豫泰所留诗文共51首，其中《西池忆先疏庵尚书》为回忆王国光所写："李伦能好客，载酒过西池。先泽于今远，风流曾几时。荒塘平积雪，浓藓蚀枯枝。最恼阶前柳，春来扬绿丝。一代簪缨盛，临流忆昔时。萧疏参古木，蒿艾没荒蠡。梁语谁家燕，墙遗旧日诗。春雷看解蛰，几得长孙枝。"许多人在诗中提及王豫泰，刘作霈诗云："居士家中原淡泊"，刘昂华诗云："水拦山轩处士村"。其中"居士"和"处士"，即指司徒第主人、布衣诗人王豫泰。

诗人乐于借景抒情，司徒第院和司农第院常常入诗成文。杨庆云诗云："老树依然横石古，疏枝犹自映窗斜"句中"老树""横石""疏枝""映窗斜"，正是司徒宅院风貌的再现。宋敏潢的"冷落疏枝竹外斜"和曹翰书的"句好争传竹外斜"两句，是宅院梅花与修竹交映成趣的生动写照。刘昂华的"多栽修竹常封径，为访寒梅始出门"句，所述是诗人访寒梅司徒第院，又见"修竹封径"，心生赞美之情。此典故缘自司徒第院前的司农第院，其院中有小园，满园修竹、隔墙分翠、枝庇巷道。王豫泰曾赋《新竹》描述两院间景色，云："我所居斋之南，为主簿后署，修竹满园，隔墙分翠，夏雨初晴，新笋或穿墙出，凡数十竿……喜成二绝。"王国光的七弟王道，在陕西为官时，曾带腊梅花种回乡，植于自宅司徒第的东窗下。此后，常有人于此观梅赏景。清咸丰年间，曾有24名诗人在赏梅之后作出佳句，传为美谈。共有《咏梅》192首，已辑录成册，留存至今。

4. 独具魅力的文字装饰——匾额

匾额是中国古建筑的重要组成部分。东汉许慎所撰的《说文解字》对"扁"作了如下解释："扁，署也，从户册。户册者，署门户之文也。"而"额"字，是指悬于门屏上的牌匾。也就是说，用以表达经义、感情之类的属于匾，而表达建筑物名称和性质之类的则属于额。还有一种说法认为，横着的叫匾，竖着的叫额。匾额一般挂在门上方、屋檐下。

上庄古村的匾额大致分四种类型：一是说明地位官衔，如"尚书"、"进士"、"司农"、"司徒"等；二是表明相应的功能，如"居仁巷"、"樊氏家祠"、"广居门"等；三是房屋的名号，如"树德居"、"挹秀居"、"仰山居"、"樊圃"等；四是表达美好的愿望和希冀，如"绳祖武"、"勤慎诚"、"福履绥之"等。

上庄村现存匾额一览表

编号	位置	匾额内容	备注
1	永宁闸西侧	水绕云从	
	永宁闸东侧	钟秀	
	永宁闸南侧	揽胜	
2	进士第	钦差巡按山西等处监查御史胡□□进士嘉庆乙丑科进士王淑陵立	
3	尚书第	巡按山西提督雁门等关右副都御史朱笈，尚书，阳城县知县李栋，万历二年九月，吉旦立	
		听泉居	"听泉居"采用小篆，施以绿色，象征清凉、静谧，与聆听滚水泉声的意境相契合。
		乐循理	《汉书·董仲舒传》卷五十六中的《天人三策》中讲到，"安处善，然后乐循理；乐循理，然后谓之君之。"
		忠恕	子曰："夫子之道，忠恕而已矣。"孔子自己曾给"恕"下了定义："己所不欲，勿施于人。"这是"仁"的消极面，另一面是积极面："己欲立而立人，己欲达而达人。"
		达尊堂	《孟子·公孙丑下》云："天下有达尊三，爵一，齿一，德一"。

编号	位置	匾额内容	备注
4	参政府—过街楼	仰山居	
5	参政府—水街边	明忠臣亚中大夫山东右参政 赐天启乙丑科进士王微俊第	
6	参政府—竹园则	□庆□□，务本堂，王宗□题	
7	参政府—仰山居	嘉庆丁卯，□善循理，□□□立	
8	参政府—遵四本	遵四本，王人道立	
9	樊家庄园—树德居	一善 树德居	
10	樊家庄园—图鄰院	图鄰伟望	
11	樊家庄园—上院	居处恭	语出《论语·子路》，"居处恭，执事敬，与人忠。虽处夷狄，不可弃也"
12	樊家庄园—樊圃	樊圃	
		履中蹈和	待人接物一要做到"履中"，即事事中庸，不偏不倚，不急不躁；二要做到"蹈和"，即以和为贵，以和为先。
		乐琴书	"乐琴书"题联实为尚书第"爱琴"、"乐书"提句合而为一，表达同样的意思。
		活泼地	
		息游	
		藏修	
13	樊氏宗祠	樊氏宗祠	
		绳祖武	《诗经·大雅·下武》："昭兹来许，绳其祖武。"《幼学琼林·卷二·祖孙父子类》："克绳祖武，是称象贤之孙。"王国光《高平杨尹祖母贞节》诗中云"□德作求绳祖武，万姓喧传递仰俯"
14	司农第临街正门	司农第	
	司农第闪门	三槐世泽	"三槐世泽"源于北宋初期魏国公王佑，因其刚正不阿，难容于时，终不能遂志。于是他在庭院中植下三棵槐树，并立下誓言："日后吾子孙必有三公者"。后来王佑的儿子王懿敏、孙子王巩果然以贤能而身居高位。苏轼为王家作《三槐堂铭》，后来，王姓人家使用"三槐世家"来勉励后人。
15	河边院	宁静致远，王寧立	
		百忍居	语出《旧唐书列传第一百三十八·孝友》。"郓州寿张人张公艺……麟德中，高宗有事泰山，路过郓州，亲幸其宅，问其义由。其人请纸笔，但书百余'忍'字。高宗为之流涕，赐以缣帛。"

（续表）

编号	位置	匾额内容	备注
16	司徒第南面大门	奉政大夫户部陕西清吏司郎中王道	
	司徒第东侧大门	司徒第	
	司徒第内	居仁	
17	秦家楼	凝祥	所谓"凝祥聚瑞"，意为凝聚吉祥和瑞气。
18	新台上	易安山房，重叠之下，耕余别业	
19	广居门	隆庆五年十月之吉广居门 太子少保工部尚书朱衡书	"广居"语出《孟子·滕文公章句下》，"居天下之广居，立天下之正位，行天下之大道"
20	王氏祠堂	崇祯十六年七月二十一日，祠堂，赐进士亚中大夫山东右参政王徽俊□	
21	居仁巷	居仁巷	
22	中院	□□中翰愚弟□嗣题，康熙丁酉仲夏吉日	
23	杨家楼	康熙丁亥四月之吉，蔼瑞，松园王□	
24	望月楼大门	诚慎勤	
	望月楼厅房侧	含真守朴	"含真守朴"代表了对"真善美"、对生活本真的向往，不因身居草庐或庙堂而改变这一质朴的生活品性。
	望月楼内	把秀居	所谓"把秀"，意为采撷秀美。园林之中常有"把秀亭"，所谓"两岸青山竞秀色，一江春水胜潮声。"当初宅院主人写下"把秀"二字，也是希望可以常常登上三层高的望月楼，把酒望月，尽览秀色美景。其实宅院主人把宅院命名为望月楼，一是因为楼高，二是借用对山景物的缘故，已经有此寓意。望月楼高三层，于第三层外中挑出凌空阳台，风清月朗之夜置身阳台，借对山低凹之处观赏冉冉上升明月，细闻轻风送过对山炉峰庵后的松鸣，听偶尔传来的炉峰庵里的钟声，评茗吟对，甚为惬怀。这"把秀"也算得名副其实了。
25	河口院	居中轩	
		百忍轩	和"百忍居"只差一字，意趣相同。
26	西沟院	福履绥之	语出《诗经·樛木》："南有樛木，葛藟累之。乐只君子，福履绥之"
27	疙瘩上	春常在	

(1) 永宁闸匾额

(2) 听泉居

(3) 尚书

(4) 乐循理

(5) 忠恕

(6) 进士

(7) 仲山居

图2-20 上庄村匾额（一）

(8) 遵四本

(9) 一善

(10) 祠堂

(11) 诚慎勤

(12) 含真守朴

(13) 挹秀居

(14) 凝祥

(15) 易安山房+耕余别业

图2-20 上庄村匾额 (二)

(16) 绳祖武

(17) 居仁巷

(18) 司农第

(19) 三槐世泽

(20) 司徒第

(21) 居仁

(22) 居处恭

(23) 樊圃

图2-20　上庄村匾额（三）

(24) 履中蹈和

(25) 乐琴书

(26) 活泼地

(27) 息游

(28) 藏修

(29) 樊氏宗祠

(30) 树德居

图2-20 上庄村匾额（四）

5. 其他民间习俗

1) 土生土长的饮食文化

  上庄古村一日三餐以面食为主，花样繁多，颇具情趣。炉面和油圪馍是上庄颇有特色的两种食物（图2-21、图2-22）。两种食物的相同之处是，都将面用滚油炸过，使油的香味与面的香味混在一起。这两种食物配的蔬菜不多，也不必加肉，调料是醋和捣碎的蒜。这样的面食，闻着诱人，入口更是回味无穷，所追求的就是面本身的香味。

  早餐多是小米粥、面汤，或是一种面条与小米、大米一起煮的汤食，佐以干粮小菜。中午多是面条，或者是炉面、油圪馍等操作较复杂的面食。晚饭与早饭类似，多是面汤或米汤基础上加一些主食炒菜等。

  村民食用的菜一般都是从自家地里采摘的绿色蔬菜，没有农药化肥，方便而且卫生。近年来，上庄村以开采煤炭为主要经济来源，但是村民自家有几亩地的都不愿荒废，种些瓜果自家吃，自得其乐。

  村民吃饭时不喜欢一家人围桌而坐，而是端着饭碗，或坐或站在水街上，与左邻右舍边聊边吃（图2-23）。这与他们的饮食习惯有关，上庄村民的三餐多是碗盛的汤面或拿在手里的干粮，一家人炒几盘菜分食的情况很少。20世纪80年代至90年代初是上庄住房紧张的时期，那时一个大院住进三四十口人，到了晚饭的时间，全院的人都在街巷边三五成

图2-21　油圪馍

图2-22　炉面及调料

图2-24　坨子和卷子

图2-25　卷子

图2-23　习惯捧碗在水街边吃饭的老人

群聚在一起，想像应是一副壮观景象。现在，夏日的傍晚，水街两侧和中街的空地上，劳作了一天的上庄人会铺张席子，大家热热闹闹地围坐着吃晚饭。听村里人说，这样聚在一起，聊聊笑笑，饭也能多吃下去一碗。

2) 喜气洋洋的节庆风俗

(1) 满月

无论在哪里，孩子满月都是件大事，尤其是家中的第一个孩子，一定要大办宴席、行足礼数。上庄村的小孩过满月时，亲戚都要赠予礼物或"看娃钱"，以姥姥、舅舅、姑姑的礼物最重。奶奶家还要打坨子，姥姥家则要蒸卷子。坨子和卷子都是阳城县一带节令婚嫁时必备的食物，原先都是自家来做，现在多由专门的食铺来做。坨子上一般都有长命锁、蝙蝠等吉祥图案，一求长寿，二求多福。坨子和卷子分成几

份，分发给亲戚邻居，为的是把孩子牢牢锁住，这一点和百家衣的作用相近，都是为讨得一份吉祥平安。（图2-24～图2-26）

（2）婚俗

现在上庄的婚礼习俗已简化许多，但一些历史较长、底蕴较深的重要环节仍被保留下来。举行婚礼的时候，一定要宴请众亲朋好友吃饭。富足的人家要摆几十桌的"八八筵席"。"八八"是指菜数，旧时经济条件较差时还有"六六"、"四四"筵席的标准。这几十桌是流水席，一般在自家宅院中摆设，一轮约有十几桌，分拨来贺喜的客人轮番"坐席"。婚宴时要请帮工做饭，往往在院外用泥巴塑一个炉子，放上大锅，烧干柴或煤炭（图2-27）。

图2-26　孩子满月的老虎枕

图2-27　"八八"筵席的一道主菜——炖鸡

迎亲喜礼的一部分是面食，印有各种福、寿、喜装饰图案。喜礼一般由红布包着，面食周围插上密密的一圈柏枝，寓意百年好合（图2-28）。

3）其他

上庄村一些老人仍遵循着从前的生活习惯。尚书府宅院的一位老人，每逢盛夏时节，将豆角用棉线串成串，挂在厅房下面的檐廊里风干，到了缺少新鲜蔬菜的冬季烹煮而食（图2-29）。河边院的老人在夏季会上山采一些艾草，将草编成辫，夜里在屋子里点燃，用来驱蚊（图2-30）。沿街院的老人，则蘸着水把闲置不用的棉线搓成粗线，用来串门帘（图2-31）。

在上庄村还有一种具有药物疗效的食品，叫做"麨"。做法如下：将小麦发酵，麦粒不脱皮，和水捏成团，用铁丝挂在通风的地方（图2-32）。村里人讲，若是胃痛，取部分麨用热水冲开服用，一般可以缓解疼痛。

图2-28　结婚的喜礼

图2-29　尚书府穿豆角的老人

图2-32　挂在宅院入口檐下的麯

图2-30　挂在柱子上的艾草

图2-31　水街旁搓棉线的老人

上庄古村的营建

图3-1 明代建筑（图中蓝色所示）

　　上庄王氏在明代产生过3名进士、4名举人，且身居高位；在清代只产生过2名进士和1名武举人。入朝为官后一般会兴修宅院、光耀门楣，于是村落规模在明代扩展较快，而清代和民国期间只有少量新建宅院。上庄村现存建筑中（包括古村范围和新建范围），约有41.9%是明代建造的，10.8%为清代和民国时期建造的（图3-1）。作为历史的载体，古村见证了许多事件的发生，如明末农民起义、"十凤齐鸣"[1]等。古村在600余年变迁中，不断营建新的院落，规模逐步扩大，各个时期的建筑沿庄河由西南至东北布置。古村的历史发展和建筑布局紧密相关。

1 "十凤齐鸣"指的是清顺治年间阳城一次就有十人中进士的史实。

第三章　上庄古村的营建

一、上庄古村的选址

1. 村落的山水环境

古人认为，优越的居住环境是个人和家族兴旺的必要条件。大至营建国都，小至建造民宅，所谓"相风相水"是必不可少的。"背山面水"是传统意义上优越的地理环境，"山环境"和"水环境"都有着重要作用，上庄村正是在这样一片土地上不断生长。

首先，古村的"山环境"具有很强的围合感，使其拥有相对安稳的发展环境。上庄周边古称"白巷"，位于可乐山下（图3-2）。清康熙十五年《可乐山茔地西山修塔志》[1]有云："可乐山原发自艮脉，层峦叠章，峰回溪转。其山川形势，若老梅生出嫩枝之状。坐坤向艮，支分秀丽，下带平田数亩。中结宽阔者一。诸山围抱，泉水环朝，隐居潜穴。"根据文中描述，"白巷"坐艮向坤，被山脉环绕，当地人称"回龙顾祖"。山谷中有泉数眼，是庄河的发源地。这里地势东高西低，庄河自东向西流去。

图3-2　"白巷"位置示意[2]

上庄村域内有十座山坡，除了"寨上"，其他的九座在平面形态上均呈"八"钩型，村民称之为"十山九回头"。而且这"九回头"中有八座山两两相对，呈抱合状（图3-3）。此外，北峰高于南峰，北坡平缓，南坡陡直，呈齿状与山谷咬合，阳光可以直接照射到河谷与北坡。村落以山脊为边界，背风向阳，位于地势相对平

---

1 详见附录7。

2 阳城县境图，引自清雍正十三年《泽州府志》，山西省晋东南行政公署1979年10月翻印，1981年出版。

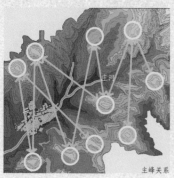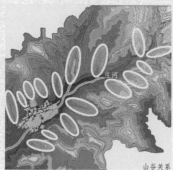

图3-3　方位朝向图

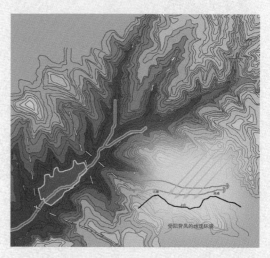

图3-4　山势与日照、气流的关系

坦的河谷中（图3-4）。

　　其次，古村的"水环境"为其日常生活提供了重要资源。上庄古村选址的另一个重要方面，即 是考察水源及流向。《诗经·大雅·公刘》中记载："既溥且长，既景乃冈，相其阴阳，观其流泉。"大意是说，考察（用地）大小和长短，观察太阳变化和山川走向，考察山水关系，寻找水源，勘测流向。

　　古人对水有特殊的感情，在"女娲造人"的神话中，认为人由泥和水制造。现在还有一些少数民族保留了与水有关的民俗活动，比如傣族三月三的泼水节，瑶族在除夕要将垃圾倒入河中等。这不仅是精神上的慰藉，更取决于水在人们实际生产生活的不可替代的作用。

　　中国的宏观地形地貌呈西高东低走向，水自西向东流被视为自然法则。仅就此而言，自东向西流淌的庄河会被认为不合常理。当人类不能选择到理想中的居住场所时，会应用一系列方法改造环境。在古村落的营建历史中，对水体进行改造的案例比比皆是，例如徽州棠樾村的水关、宏村的风水池塘。上庄村是否也存在这样的改造历程呢？王氏家谱有云："偶尔于祖居北山之下，中溪林壑之所，凿石取炭，得此渊源之水，矗不知其幽深所止。是时，辟地修渠，引水暗流至上硙头。""硙"（wei，四声，方言）意为石磨，硙头即为磨头。根据现在滚水泉的位置和家谱所述，上硙头应在现在的磨头院附近。显然，水是通过暗流被引到滚水泉的。引水只是为了生活的需要，而非风水的考虑。修筑水泉以前，村中祠堂以西没有合适的水可以饮用，直接影响到村落的布局。修建水泉之后，村西才开始逐渐兴盛。

2. 风水关系

传统风水堪舆理论是古人观察地形、选择居住场所的原则和方法。《葬书》有云："葬者乘生气也。经曰，气乘风则散，界水则止，古人聚之使之不散，行之使有止，故谓之风水。"风水堪舆在具体应用中可分为两种，一种注重山川形态、空间形象，即所谓"形势宗"；另一种注重时间序列、理气卦法，即所谓"理气宗"。[1]

在择址选形方面，注重"形法"，即村落和自然环境共同形成的物质空间形态。所谓"山环水抱"，山可以"聚气藏气"，水可以"裁气纳气"，由此形成理想人居空间（图3-5）。常言"觅龙、察砂、观水、点穴"，即是对山体、水体的形态、趋向进行分析，以确定建造居所的位置。上庄村在东、南、北方向群山环绕，山体和庄河在东北方向会聚，河流从西南方向流出，村址位于山体中部相对平坦的位置，已经非常接近于理想布局。

在确定村落格局和建筑营造方面，上庄村注重"理法"，通过人为改造和加建来补充自然地理形态的不足。如在村落的四个方向都建有庙宇。药王庙和永宁闸分别建在村东水头和村西水口处，南庵庙和北庵庙则分别位于村落的南北两端。

南、北庵庙的位置呈正南北对应，王氏（前）祠堂与南北庵庙在同一直线上，祠堂居于正中。若在药王庙和永宁闸之间连一条直线，祠堂也大致位于直线段的中点。上庄村是以血亲为纽带的聚落形式，祠堂作为一个家族的精神核心，作为村落的中心本无可厚非，但恰处于村落的几何中心上，就很难说只是单纯的巧合。这些不得不找出八卦图来辨析一番。

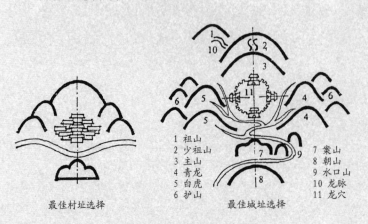

1 祖山　　　7 案山
2 少祖山　　8 朝山
3 主山　　　9 水口山
4 青龙　　　10 龙脉
5 白虎　　　11 龙穴
6 护山

最佳村址选择　　　最佳城址选择

图3-5　村址理想布局[2]

---

1 亢亮、亢羽，风水与建筑，百花文艺出版社，1999年，P75。

2 亢亮、亢羽，风水与建筑，百花文艺出版社，1999年，P82。

按五行方位，北庵庙位于中街北侧，是坎位，代表四季中的冬至，是万物修养积累的卦位，北庵庙低于南庵庙，为暗。南庵庙在香炉峰的半山腰上，是离位，代表夏至，万物生长旺盛的卦位，南庵庙居高位，为明。永宁闸位于黄沙岭与西地后山口处，居西南为坤位，地相，万物之母，代表立秋，是万物开始成熟的卦位。永宁闸恰为水关，是守护上庄，供养上庄之关卡。药王庙、火星庙位于庄河源头东沟，居东北为艮位，代表立春，是万物周而复始的卦位，恰有水源头于此，生发不绝。四庙暗含四卦之意义，再将祠堂取中，则根据《阳宅十书》所记载的，相地取九向，则可以推测上庄村从选址到布局都是经过精心策划的。若再说巧合，实在有些不通。再者，上庄王氏达官贵人辈出，聘请高明的风水师也并非难事。古代，兼备勘测和规划能力的风水师，造就了上庄村自然与人居环境合二为一的空间格局（图3-6）。

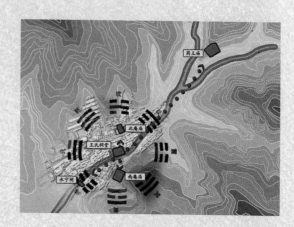

图3-6　上庄风水关系

二、上庄古村的格局

1. 整体组织关系

　　上庄古村整体格局清晰，可以概括为"一条横轴、两条纵轴、五个组团"（图3-8）。"一条横轴"为庄河（即"水街"），在东西方向上贯穿全村。沿着这条主轴，布置有重要建筑和院落：永宁闸、尚书府、磨头院、新台上、进士院、王氏（前）祠堂（已毁）、望月楼、河边院、参政府、樊家庄园等。其中有庙宇、宗祠、书院和居住建筑，上庄古村历史的精华浓缩于此。"两条纵轴"分别是茹家巷和广居门巷。茹家巷位于古村内西侧，从北向南延伸，依次连接窦家院、司徒院、茹家院和磨头院等。广居门巷位于古村中部，从北向南连接疙瘩上、书房院、王氏（前）祠堂、河口院和进士第等。

　　在"一横二纵"的空间架构下，古村自然形成五个组团：（1）王氏（前）祠堂，秦家楼，书房院，参政府，望月楼；（2）窦家院，司徒院，沿街院，司农第，中院；（3）永宁闸，尚书府，磨头院；（4）新台上，杨家楼，进士第，南庵庙；（5）樊家庄园。（图3-9）

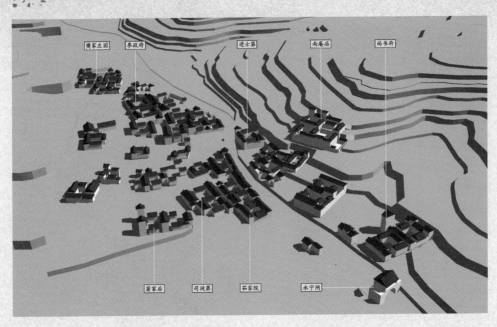

图3-7　上庄古村总体格局示意

图3-8　村落轴线分析

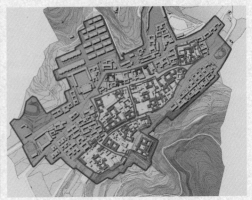

图3-9　村落组团分析

2. 格局的演变

　　古村落的发展与城市的发展不同，往往依赖于某一家族的发迹，并随着家族的没落而渐渐消沉，甚至销声匿迹。在上庄村，王氏家族的兴盛促进了村落的发展。从明成化甲午科亚元王遵开始，上庄逐渐走向繁荣。至明末清初形成了与现在所见稍有差异的上庄总体格局。上庄村格局随时间发展逐渐发生着变化（图3-10）。

通过梳理各院落的发展变化，考证、分析院落名称，可以推断出古村本来的面貌。在清康熙十四年（1675年）《家谱王氏宗志》中，记载有如下院落：尧沟老院、牌楼院工上院、东头院、东院、大数楼、西沟院、西疙瘩、砲头大楼、孝节坊、石牌楼、新屋底、水泉头。其中部分院落可以与现有院落直接对应："牌楼院工上院"为今尚书府，"大楼"为今参政府，"西沟院"为今西沟院，"水泉头"为今磨头院。"孝节坊"和"石牌楼"在同一处，因此处有一座石牌楼，上刻有"孝节坊"三字而得名，在樊家庄园以东，现已毁。

另外有一些院落，由于名称几经变化，只能通过当地村民的回忆和推测，才能与现有院落建立些许关联。这也为分析古村原有格局带来一定困难。尧沟老院就属于现在尚存有疑问的院落。"尧沟"是确定这个院落身份的关键。上庄的老人们要么说尧沟是寨上的小窑沟（现在的煤窑附近），要么说村里只有小窑沟，没有尧沟。倘若尧沟老院真的建在小窑沟中，与现在的上庄相距太远，有些不合情理。但尧沟在历史上肯定存在。关于上庄村的原址有两种说法：一种是说上庄人原来都住"寨上"附近，由于后来王国光当官了才迁到现在的位置。另一种说法则称王家最早的房屋在西沟院南。西沟院前院落被村民称做老院，应该是王家最早的院落。恰好西沟院前有一道山沟，如果王家老院在西沟院南，西沟院前的沟应是尧沟。《重修水泉记》[1]云："偶尔于祖居北山之下，中溪林塞之所，凿石取炭，得此渊源之水，蠢不知其幽深所止。是时，辟地修渠，引水暗流至上砲头，修石井于路西，复修渠引水于南山脚下，治其池圃……故名为水泉头。"其中"北""西""南"三个方位词对于位置的判断有重要作用。滚水泉位于水街以东，井院一侧的水井在路西，而"取炭"应是在"窑沟"进行，其位置在"祖居"附近。于是可以判断，尧沟老院即"窑沟"老院。

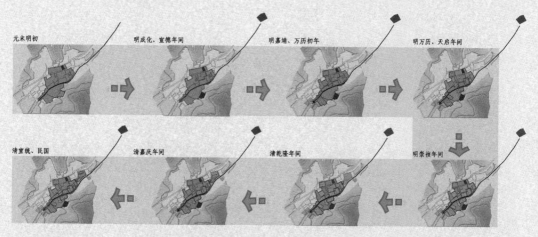

图3-10 村落格局沿革

1 详见附录9。

　　由家谱还可以判断出上硇头则指的是现在的河口院、井院等。既然有上硇头，就应该有下硇头，而这些上下位置的命名，就如上中下三庄的位置命名一样，是按照河流的上下游区分的。因此，现在的磨头院就是下硇头。整个硇头就包括现在河口院、进士第、中院、磨头院等院落在内的一片区域（图3-11）。

　　家谱中记载有"大数楼"，是王国光的祖父王子文所建。根据传说，王国光在秦家楼读书学习，后来才考中了官，秦家楼看家楼上的脊枋上有王国光次子兆河的名字。子承父业，"大数楼"很可能就是秦家楼。同时，秦家楼东北角上原名马院的赵家楼，据说是王国光赠予义子马芳的院落，可见，马院原本也是王国光所有。根据村民对赵家院原貌的描述，赵家院在秦家楼北侧还有一院。村民又说秦家楼原本有两进院落，现存院落北侧还有一进院落。传说中的两处院落位置重合，由此推断赵家院与秦家楼是一组院落，为王国光所有，是家谱中所说的"大数楼"。

　　关于西疙瘩，家谱中这样写："道……其裔孙即今之西疙瘩……"，司徒第的匾额上写

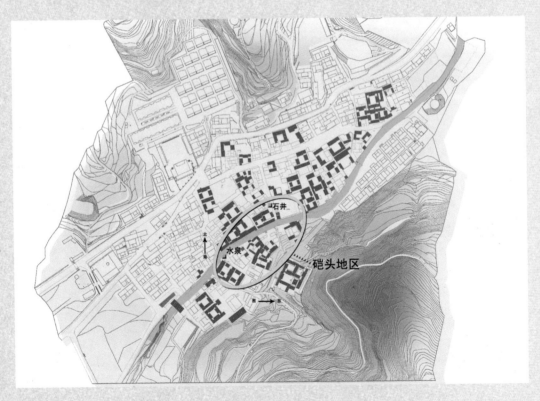

图3-11　硇头地区的范围

图3-12　由家谱和脊枋考证得出的清康熙时期村落布局图

着："奉政大夫户部陕西清吏司郎中王道。"由此可知西疙瘩就是司徒第。

《家谱王氏宗志》还提及"砲头大楼"。据家谱记载，砲头大楼住的是鼎公的后代，鼎公在砲头南山下修花园时，立两处院落。砲头地区在水街南侧南有磨头院、杨家楼、新台上和进士第。而现在的磨头院古时称为水泉头院。杨家楼的年代参考了其门上的匾额，上有康熙丁亥年之吉（康熙四十六年，公元1707年）的字样，很有可能是房屋上梁时所立。这个年代比家谱中所记晚了三十多年。所以排除以上三处院落，砲头大楼只可能是新台上和进士第。下进士第是明代建筑毋庸置疑。另外，在家谱中所提到的为砲头大楼下，也就是说此处分上下两院，正好与进士第的上下两院相对应。因此，家谱所说的砲头大楼应该就是进士第院。家谱中，新屋底所居住的人也是鼎公的后代，子承祖业在中国是顺理成章的事情，而且究新屋底的屋底二字，其院落特点极像新台上，极有可能是同一个地方（图3-12）。现在东院与东头院尚找不到对应的院落关系。

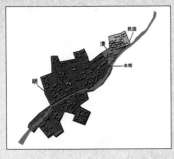 

(a)王氏不同分支与居住区域的对应关系　(b)徐氏、樊氏的居住范围

图3-13　上庄不同时期的历史
　　　　建筑分布

图3-14　不同聚落居住范围

　　由于上庄王氏宗谱对家族中稍早一些的旁支没有作详细记载，所以上述内容无法代表上庄所有的院落。结合匾额与房屋脊枋上的年代信息，确定在清康熙以前修建的院落有：河口院（包括现在的河口院和中院）、磨头院、河边院、望月楼（老人称此为下院）、尚书府、进士第（旧称南河院）、参政府、司徒第、茹家院（皇城村陈廷敬岳父居住）、杨家楼、王氏前祠堂、王氏后祠堂、秦家楼。

　　将两者叠加，可以看到上庄村的总体格局在清康熙乙卯年已经形成，之后即是在此总体格局的基础上不断增建、改建。上庄被两山相夹，建设只能沿河道展开。村落格局在清康熙年间已基本形成，当时村西大部分建设用地已被使用，要继续发展只能沿轴线向东延伸。于是沿水街自西向东，不同历史时期的建筑呈线性状态分布（图3-13）。

　　用不同色块区分主要街巷围合的区域，并结合家谱中对王氏家族分支的描述，可以发现，不同色块代表着王氏家族不同分支的居住区域。可见，即使是在以血亲为依托的聚落中，依然会随着家族繁衍和分化而分散为相对小的区划。也正是家族分支的形成，使聚落内的经济结构、社会结构等发生变化，才有可能因为产权变更而允许其他姓氏进入老的聚落格局中。正因如此，上庄村即使已经演变为现在杂姓聚居的状况，其血亲聚落的布局形式依然没有改变。在上庄村的居住区域中，徐家和樊家是原来王氏聚落所形成的亚聚落，说明随着族系发展，原有王氏的不同支系逐渐形成"亚聚落"（图3-14）。

三、上庄古村的道路

1. 道路类型与组织关系

　　根据道路的成因、位置、宽窄和功能，上庄古村的道路可以分为三种类型：自然街巷、非规划街巷和规划街巷（图3-15）。

1）不同类型的道路

（1）自然街巷

自然街巷是上庄村的主要道路，顾名思义，这一类街巷顺应自然地势形成。自然街巷所处的位置本是河沟，水枯时作巷道之用，后经过改造成为现在的街巷。前文已述，庄河又称水街，既是河道，又是街道——这种亦河亦街的形式，是对房屋基地选择的结果。所谓房屋基地选择，其基本原则是"顺应地势"。过去，上庄没有严格意义上的街巷，只有因水流冲刷自然形成的"沟"——现在村中许多老人仍如此称呼街巷。以庄河为主轴，茹家巷（在改造前为沟）、广居门巷（在改造前为沟）、龙樟沟（磨头院西侧）为分支，它们共同构成了上庄村的骨架。这些街道既满足交通要求，又满足排水要求。上庄村位于河谷之中，每逢大雨，会有大量雨水从山坡流下，若沟道堵塞，则会危及房屋。因此，上庄的宅院大都沿河沟修建，以躲避洪水之灾。此外，在河沟旁居住，村民可以把生活废水排放于沟中，非常便利。于是，河沟两侧房屋的墙脚设置有排水口。正因为这类街巷为天然形成，其平面为有机形态，因地势而蜿蜒变化。

图3-15　三种等级街巷

（2）非规划街巷

非规划街巷是由各个院落退让形成的道路，随村落生长而自然形成。非规划街巷有两条，其中一条是现在的中街。在樊家庄园前中断，街道尺度也很小。另外一条沿司徒第、井院和秦家楼南侧的宅间道路作为东西方向的联系，大致沿等高线与水街平行，将水街和中街之间垂直于等高线的道路连通。

（3）规划街巷

规划街巷是各个院落内部的道路，位于串院或套院中，用以联系各个单院。在中国古代营建活动中，这是一种较为常见的道路形式。很多深宅大院中都有这种形式的道路，一为日常通行，二为紧急时刻逃生（例如发生火情时）。故宫的东西两侧也有这种道路。

上庄村的宅内道路是依托晋东南特有的"棋盘院"而产生的。"棋盘院"是将多个"四大八小"的单院统一在一个大院中的一种院落组织形式。"棋盘院"的单院一般为偶数个，道路为院落的轴线，单院在道路两侧对称排布，大院的门也开在中轴路上。各单院与中轴路连通，单院之间可以连通，也可以封闭。有些"棋盘院"中单院之间形成小的夹道，有些单院与中路通过道路连接（图3-16）。由于单院的形式规整，并且按照对称布置，因此，道路网大致呈方格网状。上庄村的"棋盘院"都是"棋盘四院"（图3-17），各单院也不直接连通，而依靠大院内的道路联系。宅内道路的作用与宅间道路相同，不同之处在于，这些道路是人工规划产生的。

2）组织关系

自然街巷和非规划街巷是外部道路，共同构成方格网式的道路系统，连接各个院落；规划街巷是内部道路，在院落内部进行交通疏导。三种街巷共同承担村落的交通功能。

两级外部街巷形成了闭合环状的交通系统，村民可以在村落中随意行走而不会受阻。村中的王秀云老人说："咱村的疙洞（胡同）好着咧，没有死疙洞，到哪都能去"。但这些道路宽窄很不一致，道路交叉口之间的距离也没有规律可

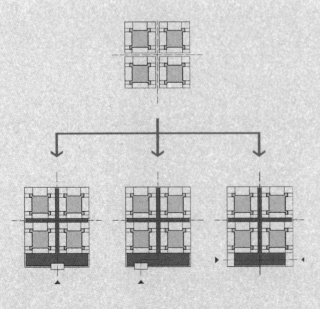

图3-16　上庄棋盘院常见道路组织形式

图3-17　棋盘四院

循。显而易见，上庄村的这两类道路所构成的系统，不是人为规划的结果，而是依附水街（庄河河道）、等高线走向和各个宅院的修建，自然生长形成的。这两条非规划街巷中，中街连接北庵庙，另一条则连接水井，因此村民也把靠近水井的一段称为"井疙洞"。这两条道路都连接着重要的生活场所，满足村民出行、取水、拜神、邻里交往、避祸、防灾的要求。可见，这种自然生长是包含着人为控制要素的。古村的生长是自发性和控制性相互统一、融合的过程。

在上庄村，自发性先于控制性。自发性是指，在村落整体格局的形成过程中，道路不作为主体目标进行规划和建造。这种自发性的过程是明显区别于现代规划过程的。控制性则指上庄村的道路经过微观的调整，包括路面铺装、人们在修建房屋时有意识的与邻居房屋退让、房屋建成后为保证道路的使用而进行相应的调整和改造等。

规划街巷最初是宅内道路，但由于村民之间的亲缘关系逐渐淡化，以及后来院落产权变化等原因，"大院变小院"，使用者也从一户变成独立的几户，原来的"宅内"现在成了"宅间"。于是，规划街巷逐渐成为外部道路，但是对上庄村的整体道路格局没有大的影响。

2. 道路空间分析

1) 水街

水街不是宽阔的前门大街，亦不是繁华的平遥市街，更有别于幽邃的江南小巷。永宁闸上所题"钟秀"二字，是对水街最恰当的形容（图3-18）。水街的灵气源于其自然的河流形态，水街的端庄来自其两旁沧桑的历史建筑。

图3-18　水街

首先，水街空间特质独特。从形态上看，称水街为"庄河"似乎更恰当。其平面形态蜿蜒曲折，形成两个拐点，将水街分为三段（图3-19）。前段从永宁闸到滚水泉，中段从滚水泉到进士第东墙，后段从进士第东墙到樊家庄园。前段空间相对开阔，建筑立面不连续，是"水街组曲"的序曲部分。中段建筑立面连续，其上开有许多窗洞，使水街与平遥的市街相比，显得封闭；与北京的胡同相比，又显得开放。街两

侧建筑高度都在七八米以上，再加上河岸与河道的高差，水街中段的空间感与现代街道竟有几分相似（图3-20）。后段建筑大多位于河道以北，且与河岸相距较远；南岸则是山坡和树林，人为痕迹较弱。水街从这里逐步过渡到自然环境中，自然流畅。水街从半人工到人工，又从人工到半人工再到自然，空间连续，层次丰富。倘若不是庄河的蜿蜒曲折，断然不会有水街的幽深。倘若不是两岸房屋的高峻挺拔，断然不会有水街的端庄俊秀。换言

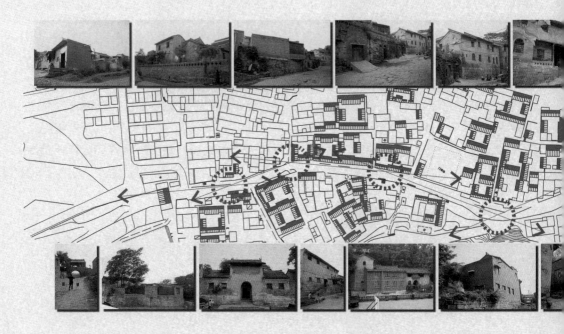

图3-19　水街的分段

图3-20　水街中段　　　　　　　　　　图3-21　三种过渡空间的形式

之，水街是人工与自然恰到好处的融合。

　　其次，水街体现强烈的生活气息，其魅力源自于村民的真实生活。村民在滚水泉取水、洗涤，在平台上聊天、吃饭；大人们相互调侃，孩子们奔跑嬉戏。假如没有预设，这些活动似乎更适合发生在广场上。水街能发生广场式的活动，须有相应的空间形态。首

先，滚水泉的分级式形态，允许村中妇女在水泉边洗衣、聊天，触发了公共活动。另外，建筑与街道之间存在一个过渡空间，为创造有生活气息的水街提供了物质环境。这种过渡空间主要有三种形式（图3-21）。一种是突出在水街上的平台，如尚书府、磨头院前的平台；另一种是突出的平台加凹入的建筑，如司农第、中院入口的檐廊；还有一种是凹入河岸的台阶，如进士第前的台阶。因为水街具备河道的功能，两侧的院落出于防洪目的，都建在高起的河岸上。从河道进入院落，自然需要空间上的过渡。过渡空间在完成高度变化的同时，也完成了使用功能与私密程度的过渡，更完成了院落生活与街巷生活的相互渗透。如果拿扬·盖尔《交往与空间》所论述的标准来评判，水街是有活力的完美街巷。

　　在上庄村，老人们并没有街道的概念。除

图3-22 晨曦中的水街

了一些巷子，就是山沟、河沟。村落中大多数建筑沿庄河修建，于是河就成了有水的街，也成了上庄村的轴线。水街是自然形成的，因此，它没有中国传统中轴线的形式。当然也不具备中轴线的意义。它是生活上的轴线。1980年前，它还是黄沙满地，清溪中流的河道，人们因此而称之为"水街"，若按其功能，倒不如称之为"庄河广场"。一些学者在研究中国传统城市后，认为"中国没有广场的概念"，笔者认为，若单纯按照形态划分，中国大概是没有广场的。然而广场的功能在中国的传统聚落中是存在的。水街就是最好的例证。形容水街的视觉感受"钟秀"足以，而那一举睫、一闭目间的感动却难以言状，又不能忘怀（图3-22）。

2) 小巷

上庄古村的魅力在于其丰富的空间层次，除却"钟秀"水街，隐于历史建筑之间的小巷同样耐人寻味（图3-23）。上庄的小巷并不幽长，却有灰黄墙壁夹出的一路青苔，划开的一线蓝天，漏出的一枝绿树，缀着的一副红联；也有道道拱门断出的幽深境地，斑驳树影描绘的写意山水；还有绿萝满墙，芳草一地，墙垣高矮各呈形态，砖石取材随意而成。就是这只言片语让人在平淡间获得一丝愉悦。小巷使水街气韵生动，水街促成小巷玲珑可人，二者相得益彰。

图3-23 小巷

第四章

上庄古村的
公共建筑

在上庄古村中，庙宇和祠堂有着非常重要的作用。庙宇具有风水堪舆和精神寄托的双重意义，分别位于村落的东、南、西、北四个方向；祠堂则是中国传统农业社会中，以家族血缘为纽带的聚落必不可少的公共建筑。上庄古村落现存三处祠堂，分别为上庄王氏、樊氏两个较显赫的家族所有。王氏宗族的两处祠堂，一处在水街北侧，为王国光而建；一处在参政府棋盘四院内，为王徵俊而建。樊氏宗族，在上庄古村落发迹较晚，人口也少，他们的祠堂建在中街北侧，远离上庄的生活轴线水街。这三处祠堂，以水街北侧的王氏祠堂规模最大。

一、寺 庙

1. 北庵庙、火星庙和药王庙

在上庄村15公顷的土地上，共有永宁闸、南庵庙、北庵庙、药王庙和火星庙五座重要的庙宇，现在保存完好的有永宁闸和南庵庙。北庵庙（图4-1和图4-2）位于中街以北，药王庙位于村东的山坡上，火星庙位于村东水池旁。北庵庙仅存遗址，药王庙和火星庙已毁，它们的状况只能通过碑文和传说想像。

根据《重修药王庙碑记》[1]描述，药王庙旁有六角石井，这口井于明成化二十年（1484年）修成，常有清泉溢出。后水井堵塞，而"崖下清泉散漫旁出"，"改为丈余石池"。现村东的确有一水池，根据村民回忆，至少在20年前，池水还保持清澈，村中孩童还常常在池中戏水。碑文中还提到火星庙，此庙本应供奉火神，以保佑免遭火光之灾。却"画伏羲、神农、轩辕像于中，历代良医于两壁"，似乎是药王庙的一座殿宇。据村民描述，药王庙位于现火星庙遗址北面的山坡上，二者相隔数十米，恰好和碑文中"崖下"相呼

图4-1　北庵庙遗址

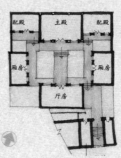

图4-2　北庵庙平面推想图

---

1 详见附录8。

应。即药王庙位于山坡之上，火星庙位于山崖之下，后因村中开矿采煤修路，对山体有所改造，才形成今天的地形状况。

2. 永宁闸

沁河流域的许多古村落都以"堡"的形式出现，上庄古村附近的皇城相府、郭峪村、砥洎城等都属于这种类型。而上庄古村却是个例外，除村口的永宁闸外并无堡墙。实际上，上庄村以黄沙岭与西地后这两座回头山作为天然的堡墙，既然有天做衾，地为席，又何求它物？永宁闸修建在山口处，从名称就可以看出，闸是确保村中安宁的建筑，是关闸隘口。

对于永宁闸是否应该归为寺庙建筑，读者可能会产生疑问。但这里确实供奉过神像。闸上建有永宁阁（图4-3），阁分东西两部分，阁西塑关帝圣像威视阁下古道，阁东塑观世音圣像，手持净瓶拂水慈目注视村庄。现今塑像已经全无，只留下一些壁画彩绘（图4-4）。村民传说，在抗日战争中，日本人打到上庄村，正准备从永宁闸进村，闸上掉下一个大锅盖，日本人也就不敢再进村了。村民都相信是闸上供的关老爷显灵，保佑上庄古村平安。

从军事的角度来看，呈口袋形的山谷在山口处建闸才能有效，否则一览无余不利于守备。假如当时上庄三面山上埋伏军队，日本人冒失进村，只要封锁闸口，日军就成了瓮中之鳖。永宁闸也具备景观楼阁的作用。登上永宁闸，看庄河蜿蜒而去，远山黛黛，才明白永宁闸拱券上题写的"水绕云从"是何种景象。若回头看上庄村内，屋顶层叠，街道曲折多致，才懂得"钟秀"为何种气质。若说"钟秀"，永宁闸自身似乎更具备端庄的意韵。闸为下券上屋的形式，总高13.6米，上层房屋宽12.8米，高6.25米，五开间双坡硬山顶，上铺琉璃瓦，内部被分割为东西两殿，分别供奉观音和关帝。下层建筑宽22.6米，券宽7.6米，西侧券高6.32米，东侧券高

图4-3 永宁闸西侧

图4-4 阁内壁画

图4-5 留有马蹄印的石块

5.49米。因为拱高且阔，所以券下常有穿堂风，很多村民傍晚无事就坐在拱券下乘凉。若是遇到在拱下纳凉的上庄村民，他们一定会给你介绍拱下的一块带凹槽的青石条，相传凹槽是王国光的马留下的蹄印（图4-5）。马倒也未必是王国光的，然而却能说明这里曾经人马络绎，永宁闸也的确是进村的关卡。

3. 南庵庙

南庵庙（图4-6）位于香炉峰的半山腰上，是上庄村位置最高的建筑。南庵庙共由四个院落组成（图4-7）。四组院落的建造时间各不相同。关于南庵庙有很多文字记录，现存最早的是明万历十八年（1590年）《重修三教堂记》。碑文有云"庵旧址山上半观音头，正德间迁于此"，易知最早的院落于明正德年间修建，即现在的"三教堂"。三教堂是供奉儒、佛、道三教神祇的地方，位于现在观音阁和文昌阁所在院落。在三教堂西侧有关帝庙和舞楼等，修建于清顺治年间。南庵庙东廊下有碑记《新修关圣贤庙序》，详细记录了此次新修的情况。整个庙群大致呈矩形布置，宽46米，深36米，总面积1500平方米。和中国很多传统宗教建筑一样，南庵庙顺应山势地形建造，最高处和最低处之间相差有11米。因为高差变化较多，使得庙群空间层次丰富。

图4-6　南庵庙

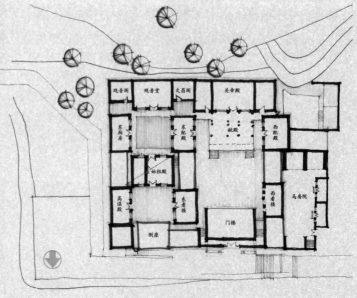

图4-7　南庵庙平面

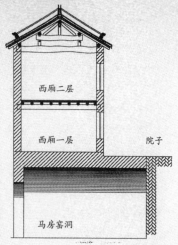

西厢二层

西厢一层

院子

马房窑洞

图4-8　马房院照片　　　　　　　　　　图4-9　南庵庙西看楼底层为暗窑

　　在通往庙宇入口道路的一侧，有一扇不起眼的门，门内院落三面为窑洞、一面为墙。这是用来喂马的院子，称为"马房院"（图4-8）。马房院南侧为两孔4米宽的窑洞，北侧为5米宽的窑洞。东侧为四孔窑洞，这四孔窑洞为南庵庙西看楼的地基（图4-9）。上庄类似建造手法的院落还有很多，例如滚水泉对面窑洞之上的院子，还有新台上院落中的下沉院，以及赵家院前院（已毁），也是用三孔暗窑作为倒座房的地基。这种建筑处理手法既能创造满足要求的平整地形，又能充分利用空间，体现了竖向空间设计的巧妙。

　　沿庙坡上至庙门前，只看到三开间石柱廊上承琉璃瓦的房檐。廊正中的墙上开一孔方形门洞，门洞中光线昏暗，门前立一对石狮。门内左右各站一位门神。东西两侧墙上各开一扇拱形门洞。门洞后透出强烈的光线。穿过拱门，又有十几级踏步，向上就是炉峰院。踏步正好挡住院子的地平面，明确地划分了炉峰院与入口空间。

　　经台阶而上到院落中，正面是三开间献殿，东西两侧为敞廊。北面是三开间穿过式戏台。整个大庙的入口也就是这座戏台的一层部分（图4-10）。东西厢房为看戏而

图4-10　南庵庙戏台

建。沿着楼梯向上到献殿（图4-11），会看到厅后还有一殿，殿中供奉着关老爷。院落中最精美、最富历史感的就是献殿。抬头便能见到完全暴露的梁架结构。虽年代久远，被古人装饰得很精致的彩画也褪色了，但仍然能打动人心。中国古代建筑被誉为结构、装饰、材料的高度统一，在这座献殿上得以充分体现。南庵庙于明正德年间开始修建，经清顺治、清康熙、清道光历代维护、翻修、加建，逐渐形成今日规模。所谓"治世修寺，乱世修城"，通过对南庵庙修建过程的了解，也能窥见上庄村社会历史的演变。

炉峰院是南庵庙中面积最大的院落，所以现在常以这一名称代指整座庙宇。当走到献殿下，院落似乎已经到了尽头。但顺着大殿东耳房与东厢房之间的夹道继续前行，可见一幢四层的耳房，四楼上开一小门，挑出一架木廊，廊下悬"文昌阁"竖匾（图4-12）。

过文昌阁，再过一扇小小的拱门，便是高禖祠。院子不大，南北宽6.8米，东西长9.7米，除了西厢房外，其他各房都有檐廊。正房两侧的耳房均为看家楼样式。由于正房东西两侧的地势不等高，所以虽然两房屋从外观上看没有区别，但层数却不同。高禖祠东侧是三层的观音阁。在院西北角上有低矮的一间房跨在北房和西厢房之间，下面开拱门，一组台阶从拱内升到院子地坪上。透过拱门能隐约看见房屋的墙脚。顺着台阶，下到拱内，可以发现侧墙上开有一门，门内是一间箍窑（图4-13）。另一侧墙端头开有门洞，转过门洞是一进院子。院子当中倒无什么特别之处，只在东北角上，有一钟亭，分上下两层，下层为台基，上层为亭，台基上开拱门，上悬"警世楼"匾。"警世楼"对面的西厢房处开有门洞，穿过门洞便又回到炉峰院东侧的入口处。

图4-11　南庵庙献殿　　　　　　　　　　　　　　图4-12　文昌阁

图4-13　小拱门

图4-14　在南庵庙上俯瞰上庄

"警世楼"院中的正房一层门上挂"始祖殿"的匾额。但这座正房看来有些奇怪，二层变成了光秃秃的墙，一个窗户也没有。这样的建筑在上庄还是孤例。其实细看看，便明白了，这两层楼的下面一层是始祖殿，上面一层是高禖祠院的倒座。同样一座房子，在不同高差的院落中扮演了不同的角色。从台阶返回高禖祠看到的高禖祠与耳房完全是另一种景象，似乎是来到了第五个院子。在观音阁与东厢房之间还有一扇小门，出去是一块台地，种有11棵白皮松。在这里可以俯瞰上庄村（图4-14）。

二、祠　堂

1. 王氏前祠堂

为纪念王国光，村民建造了王氏祠堂。村里人称之为"前祠堂"，与参政府内的"后祠堂"相区分。前祠堂处于上庄村四面庙宇连线的交点。在中国古代农耕社会中，四方的庙宇往往是群居聚落的边界。也就是说，祠堂处于精神意义上的最佳位置。同时，它又是村落日常生活的中心。根据中国人的传统的中庸心态，一个人的福泽有限，没有人敢在这样的好位置建宅院。只有祠堂这样重要的公共建筑，才能和如此优越的选址相契合。

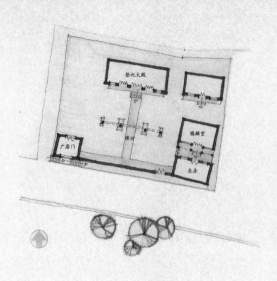

图4-15　王氏祠堂平面推想图

王氏前祠堂大约建于明隆庆年间。历经时代变迁，祠堂的主体建筑已经毁坏，余下的只是广居门和赐麟堂，分别占据王氏前祠堂旧址的两个角落。其中，赐麟堂内曾经供奉过王国光的泥塑像。

根据李文杰、宋小锁两位年逾古稀的老人回忆，王氏前祠堂是以场地当中的三间木质牌坊为主要建筑，牌坊西侧是广居门，牌坊东侧是赐麟堂，赐麟堂后有一座两层楼房。牌坊北侧是一堆乱石。推想乱石所在处应是祭祀大殿，但建筑毁坏时间过于久远，连村里上了年纪的老人都描述不出大殿的样子（图4-15）。

从前，要到达祠堂须经由水街旁的踏步，在水街边的一个小门转入祠堂建筑群，再左转面对的便是牌坊。这座四柱三架牌坊是前祠堂中重要的建筑。每每与村中老人提及它，他们都会充满自豪地讲道："牌坊下的大狮子比人还高呢！"由此，就可推想当年之气势雄伟。牌坊的体量是判断其价值的重要因素。关于牌坊上的字，村里传说颇多。有人说是"冢宰祠堂"，有人说"天官府祠"，有人说"天下一品官"，还有人说是"四世一品"或"一品四世"的。笔者与村里负责文物与古建筑工作的王晋强讨论后认为，木牌坊上的字应该是"四世一品"。古人的牌坊多是要请旌表，得到上级批准才能建成，所以上面的文字应该含蓄而不张扬。事实上，官员是不会自称"天官"的。所以"天官府祠""天下一品官"应该是乡民对王国光的尊称。说到"四世一品"倒是确有典故。明代皇帝根据官员的功绩大小和品位高低，赐给官员本身、父母、先祖及妻室一定的荣誉品衔，以示奖励。王国光身为一品，皇帝赐给官员自身和他家向前追溯的四代人均是一品，所以他得到的就是"貤赠四代如其官"。

广居门（图4-16）屋顶角脊起戗、轻灵俊秀，颇具江南园林建筑的特点。其匾额上书"隆庆五年十月之吉，广居门，太子少保工部尚书朱衡书"。朱衡是明代万历年间工部尚书，与王国光同朝为官。据传此人处事刚正不阿，事事秉公而断，惟独佩服王国光，主动为王国光题写了这块匾额。

王国光在吏部尚书任内表现卓越，万历皇帝特赐绯袍和玉带。为纪念这一殊荣，村民建造祠堂，因为绯袍胸部饰纹为麒麟，所以名为"赐麟堂"。在赐麟堂内塑有王国光坐像，泥塑像身上穿的就是皇帝所赐服饰。赐麟堂南面，是"赐麟堂提名录"的录房。录房是为鼓励王氏子弟读书精进而建，每个有功名或学名的王氏族人，都可在墙上记下自己的名字和功业。记载始于明成化止于清道光，跨越了约350年，其间记录了125名族人和他们的成就。

关于牌坊后乱石堆的来历，村中没有确切记载。根据传说，牌楼后是祭祀大厅，大厅两侧是五层阁楼。因为建筑毁坏得太早，对其形制难以考证。但根据一般农村中家族坟冢的排列习惯，可知上首是长辈，下首左侧是家中长子，右是次子。祠堂是祭祀先人的场所，同理可证，赐麟堂在下首左侧，位于上首的应是供奉王国光祖先的祭祀大厅。

2. 王氏后祠堂

上庄王氏除了前祠堂（公祠）外，还有王徵俊所建的后祠堂，位于参政府棋盘四院的西北角，当地人称其为王氏后祠堂。祠堂是祭祀祖先的地方，气氛较为严肃，为了不和居住院落混淆，祠堂的入口则相对独立，位于整个建筑群的西侧（图4-17）。为了保证祠堂的朝向坐北朝南，而入口又在西侧，这就使得祠堂的入口和正房不能在同一条轴线上。整个祠堂看起来没有王家祠堂和樊氏宗祠庄重肃穆。

入口的门楼属于牌楼式门楼，门楼上有木匾，右侧书："崇祯十六年七月二十一日"，左侧书："赐进士亚中大夫山东右参政王徵俊建"，中间则题了"祠堂"两个大字。门楼虽形式简单，但不失其庄严气氛。进门楼，右侧为一过厅，过厅往北有一院落，院落的地面高出过厅约1米，祠堂的建造者巧妙运用了北高南低的地势，营造出严肃的祭祀氛围（图4-18）。

图4-16　王氏祠堂广居门

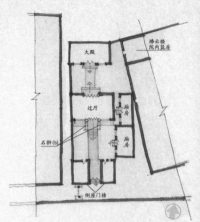

(a) 平面图

(b) 石狮

图4-17 王氏后祠堂平面推想图

(a) 祠堂入口

(b) 倒座门楼遗址

图4-18 王氏后祠堂现状

3. 樊氏宗祠

　　樊氏宗祠位于樊家庄园的最东侧，坐北朝南，由前后两进院落组成，中轴对称，建筑风格华丽。宗祠的脊枋上记载：□大清宣统三年岁次辛亥孟秋十二日　宅主樊玉麟创建　自建之后祈保阖宅平安　大吉大利永为□。所记建造时间几乎和樊家新院樊圃相同，而清宣统年间（1909～1911年）正是樊氏辉煌兴旺之时。

祠堂在进深方向上的建筑序列依次为照壁、倒座门楼、垂花门、正房。前后两进院落。其中，倒座门楼和其前面空地形成第一座院子；大门和正房、两厢房形成第二座院子。

祠堂的照壁建于水街和中街交界处的北侧，位于院落轴线上。此为砖雕照壁，雕刻精美，北面正对祠堂大门。大门匾额上书"樊氏宗祠"四字，为贾景德所题，其当时任阎锡山晋绥公署秘书长（图4-19）。进入大门为第一进院落，院落当中是一条长约16米的甬道，两侧为空地，甬道直通悬于高墙上的垂花门。第一进院落由三面高墙与倒座围合而成，简单的墙面和笔直的甬道渲染了祭祀空间严肃的气氛。第二进院为三合院，正房与两侧的厢房都是两层。通过正房与厢房之间的两部楼梯可以到二层。正房的屋脊上有雕花装饰，其细致的雕功在上庄村内也仅此一家。院落地坪比第二进院落地坪高1.6米。院门建于高台之上（图4-20），木雕装饰华丽，院门左右壁上分别题有忠、孝二字。孝，是道德之本，百行之源，伦常之首。"樊氏祠堂"正是遵循了中国传统文化中"营室必先营祠"的"孝为先"的传统理念，是对孝文化的继承。门楼为牌楼式门，匾额书"绳祖武"，"绳"是延续，"武"指脚步，意即延续祖先脚步，是王国光《高平杨尹祖母贞节》诗中"□德作求绳祖武，万姓喧传递仰俯"句中的摘句。不难看出，樊氏迁居白巷里后，在王氏家族的王国光等历史文化名人的熏陶下，修身养性，最终在宣统年间开始发迹。

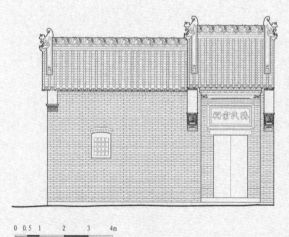

0 0.5 1   2   3   4m

图4-19　樊氏宗祠外立面

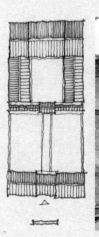

（a）樊氏宗祠平面图　（b）樊氏宗祠二进院门楼

图4-20　樊氏宗祠

三、花　园

上庄古村的四处花园（现已毁）是村落繁盛时期的象征。这四处花园沿水街从西到东依次为尚书府花园、滚水泉花园、樊家花园和寨上花园。

1. 尚书府花园

尚书府花园，村民称其为"西花园"，位于永宁闸西北，毁于1958年。王国光的诗中曾提及该花园。传说从村中滚水泉引水至园中，园中有亭台水榭，造景成趣。关于引水，有两种说法：一为明引，一为暗引。笔者认为暗引的可能性较大，因为花园所处地势较高，一则出于防卫，二则意取幽静。

2. 滚水泉花园

滚水泉花园是明嘉靖初年由王鼎所建。《家谱王氏宗志》有云："此泉凿渠引水而来，始作于高高祖鼎公也"。据《家谱重修水泉记》[1]所载："暗流至上砲头，复修渠引水于南山脚下治其池圃，种莲养鱼，茂林修竹，设茸野庐二所。"可知花园位于水街南侧，在南山脚下的砲头地区。而在滚水泉南侧，磨头院、杨家楼、新台上所夹区域恰好位于南山脚下，且属于砲头地区。于是笔者推测，滚水泉花园应位于此处。

此外，现名新台上的两组院落，建筑形式自由，风格灵巧、清新，不同于别处轴线对称的院落。新台上院落入口的匾额原为"易安山房"，后更名"耕余别业"，亦说明此处并非正式住宅，似乎有别馆的性质。上庄村除了新台上的这两组院落中的建筑都没有吻兽外，其他院落的建筑或多或少还有吻兽。在调查之初，由于建筑形式、布局上的与众不同，笔者曾推测此处是为王氏外的其他家族修建的。但与家谱对照后发现，此处为花园遗址，这两组院落为花园的附属建筑。

---

1 详见附录9。

图4-21 花园位置示意图

3. 樊家花园

樊家花园是樊圃院落（即樊家新院）的一部分，由于建造年代较近，其位置没有疑义。樊家花园是樊氏家族兴盛后修建的，位于樊家庄园的西北角。其宅院主人樊次枫是阎锡山的属下，对西方文化有所了解，在建造花园时亦注重中西合璧、风格多样。

4. 寨上花园

第四处花园在药王庙西边的山沟里。据村中老人说，通往花园的道路两侧曾经店铺林立，民国时此处还很热闹。中国古代，寺庙常是人们外出郊游的场所。寺庙的周边也就形成了一定的风景区，例如苏州的虎丘。根据村民对寨上繁华程度的描述推测，此处花园作为上庄以及润城镇的郊外风景区也是可能的。另有《重修药王庙碑记》[1]载："每年四月八日，县之远迩男妇群然梵香于庙，复在此井拜水求神药。"由此可见此处确实是古时的郊外风景游览区。若在地图上标出这四座花园的位置（图4-21），可以很明显地看出，它们均沿庄河分布。这从侧面也反映了庄河是上庄村的轴线。

---

1 详见附录8。

上庄古村的
居住建筑

第3章

一、上庄古村的院落

1. 院落概况

　　上庄古村以血缘为纽带聚居，形成独特的院落空间。现存质量较好的院落，均可以追寻到其最初的主人。于是，我们以院落和主人之间的关系作为线索，对上庄的院落进行分区，并在此基础上，对院落空间进行分析。

　　上庄古村现存较为完好的院落约有40余座。根据院落主人在家谱中出现的先后顺序，将上庄古村的院落分为以下几个部分：（1）六世祖王遵所属宅院；（2）子文公支九世祖王国光所属宅院；（3）子文公支九世祖王道所属宅院；（4）子文公支十世祖王淑陵所属宅院；（5）十一世祖王徵俊所属宅院；（6）樊家宅院。

2. 院落特点

1) 院落形制（图5-1）

　　在中国古代社会，建筑形制与社会等级有着密切关系。同时，家宅是当时人们最重要的财产。于是，建造大规模宅院便成为人们彰显身份的方式。随着上庄读书人走上仕途，逐步发迹，村内新建院落的规模逐渐增大，空间组织方

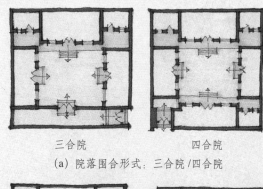

三合院　　　　　四合院

（a）院落围合形式：三合院 / 四合院

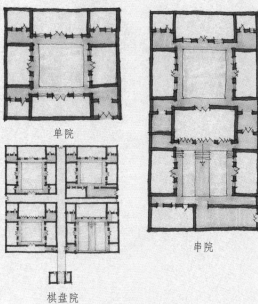

单院

串院

棋盘院

（b）院落组合形式：单院 / 串院 / 棋盘院

图5-1　院落类型图示

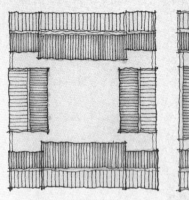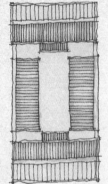

（a）上庄院落俯视　　（b）晋中地区院落俯视

图5-2　晋东南和晋中民居院落对比

图5-3　司徒第厅房及月台甬道

式愈来愈复杂，从单院、串院发展到了棋盘四院。单院即单独一个院落；串院则是纵轴方向上进行院落组织，而棋盘院则是在纵横两个轴线方向上展开院落。村中的单院不是很多，大多以串院、棋盘院等方式出现。例如河边院是前后串院，参政府院落、尚书府院落是棋盘四院。樊家建筑群则是由一个棋盘四院（樊家庄园）和一个串院（樊氏宗祠）组合而成的。

另一方面，根据围合方式不同，上庄院落又可以划分为三合院、四合院。顾名思义，三合院在三个方向上有建筑围合，第四个方向上用墙体、门楼等围合，例如书房院。四合院则在各个方向均以建筑围合，例如秦家楼院落。

上庄古村地处晋东南沁河流域，和晋中地区民居有着明显不同。这里院落的面积相对较大，院落平面形态近似于正方形。和晋中院落相比，可以接收到更多的阳光，使用空间更为充足。而晋中地区风沙较大、雨水少，所以院落窄长，以利于遮避风沙，单坡屋顶寓意四水归一、聚敛财气。而沁河流域风沙小，雨水充沛，所以采用双坡的屋顶和方正的院落形态（图5-2）。

2）建筑特点

（1）厅房及月台、甬道

上庄古村的居住建筑以明代官宅为主，其宅院主人多在朝为官。由于他们的特殊身份，宅院中应有会客场所。于是在上庄这个不大的村落内，大大小小的厅房遍布全村。与普通居住用房不同，厅房的尺度更大。月台和甬道往往作为厅房的配套设施出现，月台的高低宽窄、厅房的高度与院落空间的大小之间有着直接关系。上庄古村中，参政府厅房院中的厅房规模最大，司徒第院落中的厅房最具气势（图5-3），望月楼院落中的厅房最为优雅、尺度怡人。

（2）看家楼

沁河流域的古堡村落普遍建有"看家楼"，又称"风水楼""豫楼"。此类建筑往往有三层、五层甚至更高。看家楼的作用有三，一是在战乱时观察敌情、防御匪患，二是作为储藏空间，三是具有风水堪舆的功能。上庄古村目前保存有许多看家楼，有的位于棋盘院正中的位置；有的位于院落正房两侧、对称布置，例如牛家疙瘩院落的五层看家楼（图5-4）；有的仅在正房单侧布置，例如窦家后院落的五层看家楼（图5-5）。

图5-4 牛家疙瘩院落看家楼

（3）木制挑廊

上庄古村中民居多为二层楼房，楼梯作为垂直交通部件，是院落不可或缺的部分。挑廊是上庄较有特色的建筑构件，又被当地村民称作"楼口"，具有现代建筑中阳台的功能。挑廊一般有两种形式，一种在房屋二层的中间开间出挑（望月楼除外），楼梯设于一侧；一种在房屋二层的三个开间外侧全部出挑，楼梯设在其中一个开间外（图5-6）。

挑廊在院落中的设置较为自由，或四面挑廊，或两面挑廊，或单面挑廊。其中，第二种挑廊可以在二层四面环形设置，使二层形成一个环形交通通道。这样设置时，用木板盖住原本是楼梯的地方，可以形成一条完整通道（图5-7），使得二层形成流通的空间。

3）院内植物

由于院子宽敞、阳光充足，居民常在院中种植各种植物（图5-8），例如山楂、腊梅、

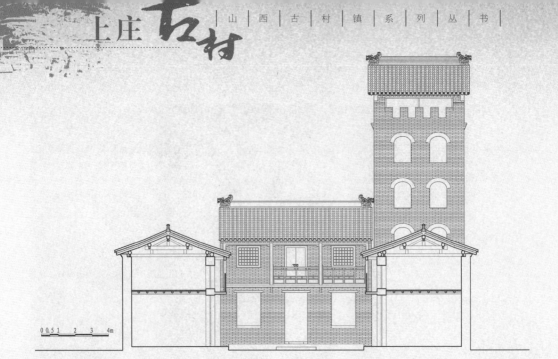

图5-5　窦家后院落看家楼（一）

图5-5　窦家后院落看家楼（二）

（a）仅在二层中间开间出挑的挑廊

（b）在二层全部开间出挑的挑廊

图5-6　挑廊的设置

图5-7 挑廊形成的环形交通通道

图5-8 宅院内植物

图5-9 新台上院落的"姜子牙"

苹果等。如司徒第院落的腊梅已有近500年历史。这些树木或秋后有果，或寒冬生花，在不同时节营造不同院落氛围，使院落充满生活气息。

4) 镇宅"姜子牙"

上庄古村各宅院内多布置"姜子牙"，用以镇宅。所谓"姜子牙"就是摆放于院落中的一种象征性物品。根据村中习俗，用煤炭作"姜子牙"最佳，石头次之，青砖再次一级。"姜子牙"置于院子当中，周边往往配以数盆花草作为装饰。

不同院落的"姜子牙"各具特点。新台上院落内的姜子牙，三块石头由大至小依次放置（图5-9）。据主人讲，这三块石头象征祖孙三代。每年春节，宅院主人都要对着姜子牙敬香，祈求平安。沿街院的"姜子牙"以草木为陪衬，让院子里充满了生机。沿街院的"姜子牙"是一块约半米高的石墩，石墩三面环筑一道石围，石围上摆着几盆花（图5-10）。

5) 烟斗与窗花

北方地区冬季要生炉火取暖，一般是烧煤，俗称"隆炉子"。炉火的烟通过烟囱，穿过窗户，通到室外。住户会在窗户上装设烟斗，烟斗一般用铁皮做成。人们往往将烟斗和煤灰、脏乱联系在一起，然而在夏日里，也会在上庄看到一户人家用窗花装饰烟斗。先将白纸糊于竹制骨架上，然后剪出红黑两种窗花，再贴在上面进行装饰。不仅精致喜气，更体现出主人对生活的热爱（图5-11）。

图5-10 沿街院的"姜子牙"　　　　　　图5-11 窗花剪纸

二、居住建筑分析

1. 王遵的宅院：新台上

根据王氏家谱，六世祖王遵于明成化十年（1474年）考中举人，是上庄有记载的首位取得功名的读书人。王遵中举后并没有继续在仕途上发展，而是回到上庄开设学堂、教书育人。

新台上院落位于水街南岸中段，曾经是上庄古村的书院，后来成为王遵的住所。院落面积不大，但是空间层次丰富。新台上院落由三个单院组成，各单院之间呈一定角度布置（图5-12）。第一进单院位于院落西侧，由东边和北边两座房屋围合而成。北边房屋的屋脊用瓦叠砌而成，类似于南方民居屋脊的做法，在上庄是孤例。该单院东边房屋山墙南侧

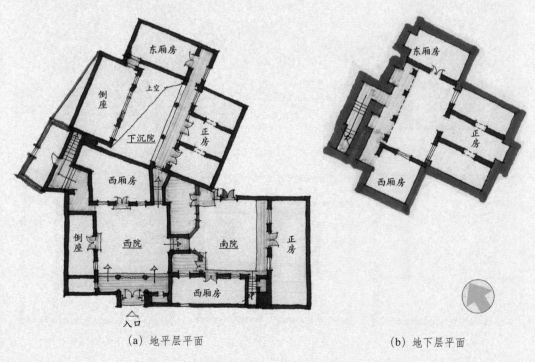

（a）地平层平面　　　　　　　　　　（b）地下层平面

图5-12　新台上院落平面图

有一个异形门洞，穿过该门洞是新台上东边的单院，暂且叫它"下沉院"（图5-13）。顾名思义，其地坪低于另外两个单院，相差一层房的高度，在二层和其余单院找平。在第一进单院的南侧，是新台上的南院。

新台上院落紧临水街，却在南北向小巷旁开设入口。院落临街是清水砖墙，上面开有四扇方形窗洞，貌似平淡无奇（图5-14）。上到水街南岸，南行不过20米，在小巷东侧便是院落入口。入口前既无石狮，也无抱鼓石，形制颇为简单（图5-15）。宅门匾额上有两层题字，叠合在一起，一层是"耕余别业"，另一层是"易安山房"。由题字内容可以看出，这处院落不同于其他宅院，最初不是作居住之用。

上庄院落普遍采用"四大八小"的布局形式，院落入口形式较为统一，大致可以分为三种。一种是在倒座房的山墙处设随墙门入口，另一种是利用倒座房的明间作入口，还有一种是在倒座房和厢房之间的墙体上设置入口（图5-16）。其中对于第二种入口形式，往

图5-13　新台上"下沉院"　　　图5-14　新台上沿水街立面　　　图5-15　新台上入口

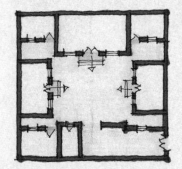

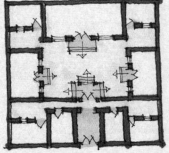

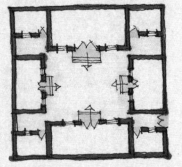

（a）倒座房山墙入口　　　　　（b）倒座房中间入口　　　　　（c）随墙门

图5-16　上庄院落入口形式示意图

(a)　　　　　　　　　　　　　　　　　(b)

图5-17　新台上"闪门"　　　　　　　　　　　　　图5-18　下沉院阁楼

往往会设置一个过门，位于厢房山墙的延长线上，以保持宅院内部的私密性。但是，新台上院落的入口与其他院落差别很大，不同于上述三种形式。其宅院在沿街一侧墙壁的中间开门，在形式上和北京四合院二进院的垂花门入口类似。新台上的大门被称为"闪门"，在门洞两侧布置有廊子（图5-17）。

过"闪门"，经第一进单院向东，可到下沉院南侧的廊子。廊子对面是阁楼，门窗涂有红漆，中间开门处还装有栏杆（图5-18）。沿廊子向东，经东厢房折向北可以到达阁楼。阁楼的护梁板形式活泼，被雕刻成双桃图案。据说，此阁楼曾是小姐的绣楼，不禁令人浮想联翩。或站在廊下吟诗，或听对面阁楼中佳人抚琴，或倚着栏杆赏月，此处应是许多美好故事发生的场所。下沉院东西向长，南北向短，平面呈矩形，尺度亲切、宜人。无论空间形态还是氛围，均与别处相去甚远。

第一进单院北房东侧有拱门，通向下沉院底层（图5-19）。入口拐角处有天井，透过墙上窗洞可以看到水街。下沉院的一层建筑均开拱形门窗。院南侧为三孔砖砌箍窑，东西两厢为横窑。北侧入口是砖砌檐廊，廊下有一眼水井。院中零散放着碾盘、磨盘和一些农具。据村里老

图5-19　下沉院入口

人说，这个院子曾经是加工香烛的作坊，成品主要供应给村东山寨上的庙宇。除西院和下沉院，南院由正房和厢房组成，形制比较规则，和下沉院活泼的风格形成鲜明对比。

新台上院落运用偏移建筑群落轴线的手法，把下沉院与另外两个单院联系起来。同时，为保证院落空间方正的形态，将两个单院共用的厢房修建成梯形。整个院落空间丰富、趣味十足，在遍布方正官宅的上庄村中体现出鲜明的特征。

2. 王国光的宅院：尚书府、秦家楼、书房院、赵家院

前文已对王国光有所介绍，为嘉靖二十三年（1544年）进士，官至吏部尚书，加太子太保。经过考证，在上庄古村的众多院落中，能够确定属于王国光或是与其有密切关系的有尚书府院落、秦家楼院落、书房院和赵家院。此外，上庄村中仅有王国光曾担任司农一职，由此推断司农第院落也应属其所有。

1) 尚书府

尚书府院落位于上庄古村西南角，曾是王国光的宅院（图5-20~图5-22）。根据尚书府"贡上院"的匾额文字推知，这处宅院最晚修建于明万历二年。《明史·王国光传》中记载："隆庆四年……拜南京刑部尚书。未上，改户部；万历元年……三年……五年冬，吏部尚书张瀚罢，起国光代"，可知当时王国光任户部尚书。王氏家谱中并没有直接提及"尚书府"，有云："次讳国光……公生子六……六讳兆民，廪生。其裔孙即今之牌楼院工上院于檐，作

图5-20　尚书府院落外观　　　　　　　　　　　图5-21　尚书府院落内

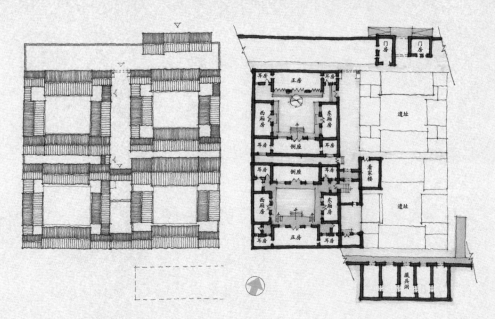

图5-22　尚书府棋盘四院原状推测平面　　　　　　图5-23　尚书府院落平面

永，作远，大任等是也。"意为"裔孙"来到"牌楼院""工上院"居住。首先，按照中国人的习惯，后代一般都会住在祖宗留下的房子里。其次，上庄老人称尚书府为"工上"。再次，在尚书府内原本有一座木制牌楼，与"牌楼院"相对应。于是可以判断，所谓"牌楼院""工上院"即指尚书府。现居住于此的是王国光的后裔王永正夫妇。

尚书府是典型的棋盘四院（图5-23）。院落北部是入口门楼，为三开间。院落中间南北向道路为对称轴线，东西两边各有两组相对独立的院子。每座单院都是"四大八小"的布局方式。在两条轴线相交处，原本建造有一座五层的看家楼，是这座棋盘四院的制高点，目前只存有一层遗址。院落东南角有七孔砖砌箍窑，保存完整，村民称之为"藏兵洞"（图5-24）。

本有四座单院，现仅存留西边两座，西南侧单院为"达尊堂"院，西北侧单院为"听泉居"院。东边两座院落均已损毁，东北侧单院在解放后坍塌，仅保留房屋的基座；西北侧单院即位前文所述"贡上院"，损毁于清代。

从永宁闸进入上庄古村，向东不过50米，在水街南侧即可看到尚书府院落入口。这是一座两层高门楼，当中开拱形门券，两侧二层门房略低于门楼（图5-25）。穿过门楼是一条东西向小巷，宽约2米。沿小巷向西约10米，在转角处即是前文所述牌楼遗址，现在只剩下石质基座，上部的木结构已经损毁（图5-26）。牌楼所在南北向道路是院落中轴线，其

图5-24　尚书府"藏兵洞"

图5-25　尚书府门楼

图5-26　牌楼石基座

图5-27　看家楼遗址

图5-28　木挑廊

中部是前文所述看家楼遗址（图5-27）。

　　牌楼遗址西侧即是达尊堂单院的入口，正对院内厅房的山墙。此厅房座北朝南，是现存主要建筑之一，此外还有东西两厢房和倒座房。厅房形制较高，出檐较深，约有2.4米，檐口下有斗栱，房前有月台。屋内装修亦十分考究，用白石灰抹饰墙面，表面上蜡；墙角有彩绘勾边，内部梁架也都有彩绘。厅房墙上原本挂着王国光的画像。在建房之初，厅房主要用于会客。其房屋主立面由木质隔扇围合，不利于保温，并不适于居住。在厅房和倒座房两侧分别有耳房，厅房东侧耳房是现宅院主人主要的起居场所。此耳房由砖墙围合，面积约16平方米，尺度适宜，保温良好，宜于居住。

　　院中厢房和倒座房上有木挑廊，亦是上庄民居的一个特点。挑廊出挑于建筑二层中部开间，沿墙面设置一条木制楼梯。据传说，尚书府院落是王国光按照吴江的建筑风格修建的。吴江是江南水乡，建筑风格清新灵动，两层阁楼带挑廊较为常见。但尚书府的挑廊与吴江的木廊不尽相同。可能在房屋修建之时，王国光要求工匠在二层加上挑廊，让院子更具水乡的灵秀韵味。然而，工匠也许并未亲见过吴江的挑廊，只是凭借想像修建，于是营造出这独一无二的挑廊（图5-28）。

出"达尊堂"单院，顺院落轴线向南，绕过影壁，只见拱门上砖雕匾额书"听泉居"三字。门楼后面是个不大的院子。院中苔藓斑斑，后面树林荫蔽，完全不同于进门前的开阔明朗。二门上题有"忠恕"二字，里面几重拱门相叠（图5-29）。越到深处，光线反而越充足。营造者通过控制空间尺度、调节采光，形成明暗效果以组织空间序列。

二门之后有第三道拱门，其匾额题有"乐循理"。此处有不足2米宽的小天井，光线不是很充足。过第三道门，豁然开朗，已来到此单院中。院子是典型的"四大八小"格局，由于地势南高北低，便以南房为正房。在"听泉居"单院中，南房前有5米多宽的月台，分三路台阶。据上庄老人回忆，旧时没有中举的人不可以上月台。正房两侧是高三层的耳房，按照等级次序，耳房应比正房低。但在上庄，耳房高于正房颇为常见，当地人称为"插花楼"（图5-30）。顾名思义，就像状元的帽子两边插上花，以示科举及第。这一解释和村中的文教氛围颇为契合。北房东西两侧分别有匾额，题有"乐书""爱琴"。

在"听泉居"单院和"达遵堂"单院之间，有一狭长的夹道，夹道的两侧分别是这两座院子的倒座房，两个院子相互不连通（图5-31）。这种棋盘四院的布置形式不同于别处。例如在中庄村，棋盘四院前后两个单院常以串院形式组织，即在进深方向上有三个建筑，中间建筑称为"穿堂"，往往以过厅形式出现。而上庄棋盘四院的形式要规整许多，四个单院相互独立，沿纵横两轴布置，相互间并无公用建筑。

图5-29　"听泉居"院三门前的小院

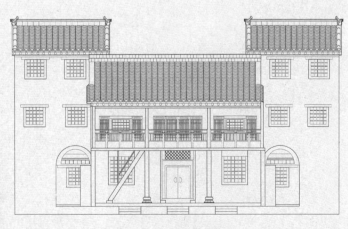

图5-30　"插花楼"立面图

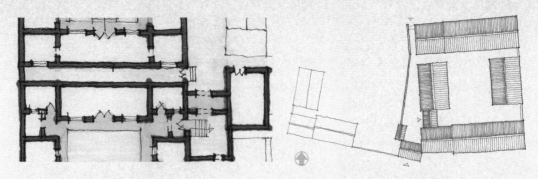

<table>
<tr><td>图5-31　前后两院关系</td><td>图5-32　秦家楼平面图</td></tr>
</table>

　　尚书府棋盘四院以道路为纽带，衔接四个单院，并突破已有串院的形式，其规模超过村中其他院落。其价值主要体现在两方面：第一，院落中保留有许多王国光的信息，有助于研究上庄古村的历史文化；第二，它作为上庄古村修建最早的棋盘院，对于其他建筑的建造有着深远的影响。比如，望月楼三层的木质挑廊、参政府的棋盘四院格局、司徒第正房前的月台、进士第的插花楼、窦家后的五层看家楼等，都是以尚书府作为参照修建而成。

2）秦家楼

图5-33　秦家楼入口门楼

　　秦家楼位于水街以北，王氏前祠堂的后面。根据院中看家楼的脊枋题记，秦家楼最迟建成于明万历三年，房主为王国光的次子王兆河。

　　秦家楼是四合院，是比较典型的"四大八小"形制的院落（图5-32）。院子的大门朝南，是砖雕门楼，正对王氏前祠堂。入口紧邻倒座的西耳房，进门后为一窄巷，东转过二门则进入院落内。其北房为正房，正房西侧是三层看家楼。

　　秦家楼的大门颇有特色，是上庄村少见的砖雕大门（图5-33）。门洞占据一层的空间，大门部分装饰在二层墙面上。装饰以砖雕为主，做工精美，雕有斗栱、祥云、花草纹样等。门楼上原本有木质匾额，但损毁严重，只能辨认出是由某位官员赠送，在王国光进士及第时所题。

秦家楼的正房与倒座房均采用木格栅门窗（图5-34）。根据上庄碑文记载，在评价房屋等级时，使用木格栅的房屋规格高于砖砌墙体的房屋。这大概是因为明代以后，上庄周边的木材逐渐短缺，物以稀为贵，只有大户人家才有可能大量使用木材。此外，上庄的二层楼房多采用木质外廊，与做工精致的木格栅搭配更为合适。秦家楼院落布局简单，但是门窗均漆有红黑两色（图5-35），肃穆之下显示宅主身份显贵。

秦家楼现存建筑的的院落布局结构简单，但保存较为完整。建筑门窗精致，轻装饰效果而重等级分别，采用黑红两种色彩，整体风格洗练大气。

3）书房院

书房院位于秦家楼西侧（图5-36），现存院落为三合院。据村民相传，书房院是王国光取得功名之前的住所，但是王氏家谱中并没有相关记载。

现存书房院由南房和西房组成，均为一层建筑，院门为简陋的随墙门。建筑的规制不高，屋顶做法简单，没有吻兽、瓦当和滴水，门窗的形式亦十分普通。根据现在宅院主人描述，院中建筑的屋架结构和村中其他官宅的结构亦不相同，仅用一根脊枋承重。作为王国光的住所，其建筑形制应达到一定规格。不禁让人怀疑：关于书房院的传说是否属实，书房院内现存建筑是其原有面貌吗？

经过考证，书房院原本和秦家楼形制类似，而且两座院落的建成时间基本一致。原因有二：第一，书房院的基础比较讲究，不仅用平整青石砌筑，而且院内地坪高于院外1米有余（图5-37）。地基的做法如此讲究，而且面积较大，其上建筑也应达到相应等级。第二，秦家楼入口在书房院现存院落范围之外（图5-38），该入口后巷道可以通向秦家楼

图5-34　秦家楼院内

图5-35　秦家楼正房门

筑

图5-36　书房院与秦家楼相连的墙体

图5-37　书房院的条石基础

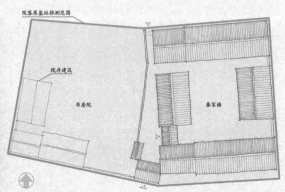

图5-38　书房院原基址范围推测

院落和书房院。如果秦家楼本来是一座单院，其入口应在单院四面设置，而不是现在的位置。即在秦家楼建造之初，这个大门就是为书房院与秦家楼共用而设计。可以推断，书房院应早于秦家楼建造，或至少与其同时建造。于是，书房院的传说是合理的，其很可能是王国光故居的一部分。

4) 赵家院

赵家院位于河边院正后方，秦家楼东侧，传说中院落的主人是王国光的义子。传说此人名叫马芳，是一位总兵，他曾对王国光有救命之恩。事后王国光认其为义子，并将此院赠予他，于是赵家院又称作马院。

赵家院原本是前后串院，后院由正房、厢房、厅房以及一个看家楼组成（图5-39）。前院原有建筑全部被拆除，仅存一块平整的宅基地。根据当地居民的回忆，我们推断前院原本也是由倒座和厢房围合四合院（图5-40）。

据推测，上庄古村的居住建筑建造时有一定的规则。一般的做法是先将地面修整平坦，然后按照固定院落形制营造院落。同时，在营造过程中，院子的布局会根据基地特点稍作改变。这一建造原则在赵家院的院落上充分体现。这个院子的宅基地原本有较大坡度，建造者在基地中间位置标高，挖高补低，将坡地平整，成为现在院子的基地。赵家院前后两院地坪相同，在院落的边缘部分分别出现了近3米的高差。调研后发现，赵家院的后院正房背靠中街，后院正房在院内看是两层，在中街看是一层。赵家院前院宅基地在南端

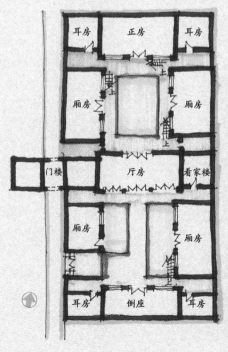

图5-39　赵家院平面原状推想图

图5-40　赵家院倒座门楼

图5-41　赵家院前院倒座原状推想图

有一个垂直高差，曾被开凿成暗窑。

　　据村民回忆，赵家院前院的南侧原本建有二层砖楼，楼下有一层暗窑。这样一来，前院南侧实际上有三层的居住和储藏空间。暗窑的建造十分巧妙，它既利用了高差又增加了使用面积，同时，使得院落的南立面视觉上更具气势（图5-41）。

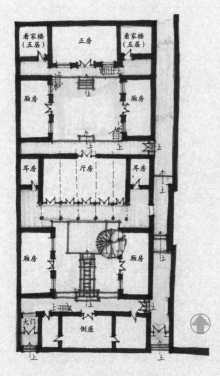

图5-42　司徒第院落原状推想图

　　赵家院集中体现了上庄村居住建筑建造的规律。一般来讲，建造宅院首先要平整宅基地，按照一定的序列布置建筑。除此以外，赵家院在营建的过程中充分利用土地，在前院的南端开凿暗窑，巧妙地利用地形，建造出了极具气势的三层楼房。

3. 王道的宅院：司徒第

　　子文公支九世祖王道为明嘉靖丙午科举人，历任奉政大夫户部、陕西清吏司郎中等职务。

　　司徒第位于水街北侧。为前后两进的院落，后院为新建上庄小学时拆毁。第一进院落从外向内依次是倒座、厢房和厅房。根据回忆，后一进院落包括厢房，正房和两侧的看家楼（图5-42）。其中，后院的"插花楼"看家楼有五层高。由于司徒第建在较陡的山坡上，建造者不仅将前后两院地坪定在不同高度上，并且将院内建筑也按照地形由低至高，不断调整建筑的地面高度。

司徒第有两个入口，一个入口在倒座房上，门额上刻有"奉政大夫户部陕西清吏司郎中王道"。另一个入口在东南角，门上方挂着一块木匾，刻有"居仁"二字。

厅房面宽五间。一踏进司徒第前院，便可以感受到厅房的气势。厅房建在1.3米左右的月台上，一条甬道连接着厅房和大门前的铺地。想要近看，要踏上几级台阶，踏过甬道，再登上几级台阶，才能来到厅房前。厅房前檐是一排挺拔有力的檐柱，支撑着层层出挑的飞檐。阳光洒下，掠过飞檐，在墙壁上落下浓重的阴影（图5-43）。司徒第的院子里，种着一株古老、葱郁的腊梅（图5-44）。树叶遮住些许阳光，给院子带来新鲜的生机勃勃的绿色。

司徒第的装饰是上庄村建筑装饰中的精品（图5-45），其风格古朴大方。司徒第院内的装饰精品是甬道边的影壁和月台的须弥座。

甬道（图5-46）的两侧原有一对影壁，现在只剩下基座了。基座最下一层是佛教中的力士，他昂首挺立，单手高举，似乎支撑着上部的花卉和祥云。基座上的力士身体威武结实，雕刻的线条简洁有力。

须弥座上的每组装饰图案由几块大石拼而成，图案宽近2米，高1米有余。每组图案以莲花为主，四角是变形的祥云，再配以一些植物吉祥图案。司徒第的装饰图案更近于一般官式建筑装饰，以动植物吉祥图案为主，极少采用人物、符号、器物等装饰纹样。在甬道与须弥座（图5-47）相接的台阶两侧，有两个近四分之一圆形的抱鼓石，将原本生硬的高

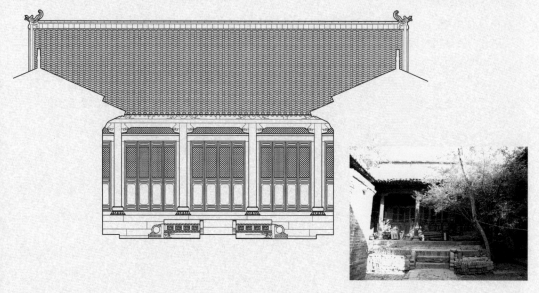

图5-43　司徒第厅房

图5-44　厅房前古腊梅

图5-45　司徒第院落柱础及吻兽细部大样

图5-46　司徒第甬道

差过渡得很圆润，让甬道的设计显得别具匠心且细腻周到。

司徒第院落突破了上庄村一般建造宅院的规律。充分利用地形特点，采用层层升高的方式，在不同的地坪高度上建造建筑单体，使院落内的建筑更显高大。这样的做法节省了工程量，却使得院落空间更加丰富。

4. 王淑陵的宅院：进士第、河边院

子文公支十世祖王淑陵为嘉靖乙丑年（1565年）进士，官至湖广布政使司左参政，官阶为二品。在上庄村，王淑陵拥有两处宅院，一处为进士第，另一处为河边院。

1) 进士第

进士第位于水街南侧（图5-48），院子正对王氏前祠堂。它是王淑陵早年居所，大门上至今保留着一块珍贵的门匾，是王淑陵考取进士时获赠的，上面刻有"进士"

二字。

　　进士第由水街边的一组东西串院和一排窑洞组合而成（图5-49）。前者紧邻水街，后者在临近炉峰庵的山坡上。进士第的东西两院现只存有东院（图5-50）。东院包括坐东向西的正房、正房两侧三层的看家楼、南北两厢房以及西面的过厅（已毁）。

　　进士第的布局很有特点。在中国北方，宅主一般会选在院落的北面建造正房。进士第位于水街南侧，地势西高东低，南高北低，这就给宅主出了一个难题。具体的处理方式既可以按照传统的形制，平整地势，引路上山，也可以顺应地势，改变北面正房的布局。最终，进士第的正房选择了西侧，背西面东，形成了一个东西向串院。院落的大门在南侧偏

图5-47　须弥座装饰

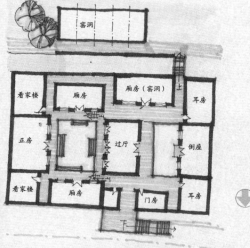

图5-49　进士第平面推想图

图5-48　进士第沿街立面

图5-50　进士第现存东院

东处，正房背西面东。这是上庄村独一无二的院落布局形式。

从水街拾级而上，来到宅院的门楼前（图5-51）。进士第的门楼以砖雕的手法仿制木构件的形式，是当时的主要装饰手段。大门保存非常完好，其瓦片、滴水、檐口和斗栱形体轮廓清晰，线角硬朗，造型优美。上庄村采用砖雕门楼的不过三处，即进士第、秦家楼、磨头院，其中保存最为完好的便是进士第。

在进士第南面的山上，有一排窑洞。历经时间洗礼，边上的几孔已有破损。在破损的断面上，可以看到砌窑的材料，既有明代的大青砖砌在最里面，也有不能断定年代的小青砖砌在最外面。古建筑历时数百年，宅主不时修葺，这些各具时代特点的砖便是见证。在窑洞与院落之间，有一条狭窄的小道。相传，王淑陵少时在炉峰院读书，他的老父亲每日就是沿着这条小道，为他送饭，一直到他考上进士。而关于进士第的窑洞的传闻就更多了。有传说这些窑洞的作用和尚书府窑洞相同，是为了防卫而修建的藏兵洞。也有传说，那时王淑陵并非在炉峰院读书，而是在家中和其他兄弟叔侄一起，在后面几孔窑洞中寒窗苦读。传闻很多但不能判断真伪，姑且听之。

进士第根据地形特点灵活布局，不拘泥于旧法。进士第的砖雕大门保存较好，细部清晰。大门上仍有数百年前的"进士"匾额，充分展现了科举制度下上庄村的辉煌。

图5-51　进士第门楼

2）河边院

河边院是水街北侧的一座前后串院。正房脊枋上写有"明万历□□孟秋十八日湖广总督左参政王淑陵率淑人于氏建立"。在明代，淑人是朝廷对于妇人的封赠，称为"金花诰"。"金花诰"有七阶，王淑陵官至二品，按律赠其夫人三品，于是他的妻子被称作淑人于氏。

河边院院落布局并没有特殊之处。在上庄众多院落中，河边院占地面积较大，院落宽敞明亮。河边院前院（图5-52）由厅房及东西两厢房组成。与厅房相比，厢房体量很小，立面形式简单，是没有挑廊的二层砖楼。然而，与上庄村同类院落相比，河边院的院子敞亮，并不需要缩小厢房来扩大院落空间。所以，很有可能宅院主人的本意是建

图5-52　河边院前院　　　　　　　　　　　　图5-53　后院门楼的匾额

造小巧简单的厢房，反衬厅房的雄伟。

河边院的厅房经过历次改建，已经有很大变化，只有月台、甬道、柱础等仍保留原本风貌。月台上有一排水坑，位于外檐柱础的外侧。厅房飞檐常有水滴下落，水滴石穿，日久天长便砸出了痕迹。这排水坑和里层檐柱相距2米多，可以推测当年厅房的气势雄伟。

河边院后院由正房和东西厢房三面围合。正房与两厢房均采用上庄村常见的木制外廊，颇具江南水乡意境的形式。后院门上的木匾上刻着"宁静致远"（图5-53）。

宅院主人在新房完工之际种下槐树，以"三槐世泽"的典故鼓励后人，希望后辈可以走上仕途，家族兴盛不衰。令人遗憾的是，槐树年老而终，现在只剩下半人高的树根，立于门前。

河边院中厅房和厢房的处理手法，一定程度上体现了明代建筑的建造规则。当时，建筑往往是社会阶层的体现。河边院缩小厢房凸显厅房的做法，进一步显示了上庄村民居建筑的官宅特征。

5. 王徵俊的宅院：望月楼、参政府

王徵俊是王国光的堂弟王潜光的孙子，明天启乙丑科进士，曾任山东右参政，后自缢于拂云楼院正房上。上庄现存建筑中，和王徵俊相关的部分非常重要，是了解古村的重要途径。其中，望月楼拥有古村现存惟一的三层正房。参政府也是古村现存最为完整的棋盘四院。

1）望月楼

望月楼院落位于水街北侧，紧邻王氏后祠堂，因为其院内正房叫做"望月楼"而得名。院内望月楼是上庄村内现存惟一一座三层正房建筑。相传，王徵俊读书时在望月楼居住。望月楼脊

枋题记是记在纸面上的，破损比较严重，但仍可以判断其修建时间，是明天启三年九月六日。

望月楼院落为前后两进串院，前院由厅房、倒座、东西厢房围合而成（图5-54、图5-55）。后院由正房、厅房、两厢房围合而成。整座院落占地面积很小。局促的用地，加之正房是三层的楼房，所以院子的布局十分紧凑。

现在的院落只有一个大门，在倒座的东山墙上。门上的木匾额上写着"诚慎勤"，反映宅主的生活态度。由于用地有限，以致各房屋紧邻，布局紧凑（图5-56）。其厢房立面

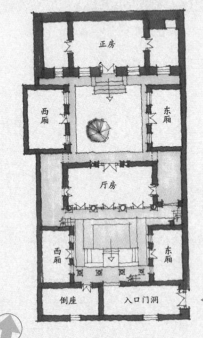

图5-54　望月楼院落平面图

图5-55　俯瞰望月楼院落

图5-56　院落布局紧凑

图5-57　望月楼厅房

平整，没有采用常见的挑廊的立面形式，而是将所有能够藏进屋子的构件（包括楼梯），都建在屋子里面，以扩大院子的面积。这样的建造方式倒使得望月楼院内的厢房立面十分整洁，衬托了轴线上富有特点的正房、厅房。

望月楼厅房（图5-57）位于前后院之间，面宽仅三间，不设檐柱。厅房正面三个开间都装有可以开启的隔扇门。天气好的时候，站在前院里，打开所有的门，视线穿过厅房前后两面的门洞，看到正房的挑廊从青砖墙面上伸出，下面挂着淡淡的阴影，映衬着它前面的山楂树，颇具几分闲情。

三层的正房（图5-58）是望月楼院落的点睛之笔。建筑采用砖砌承重结构，下面两层墙面平整，没有一点凹凸。楼梯建造于正房与厢房之间的夹缝里，只在三层明间打破了墙面，做了外挑的木廊。挑廊的明间用10扇木隔扇门。建筑装饰不多，洗练而富有气势。

望月楼正房实际为五开间，三明两暗，底层的墙体最厚处达到0.85米，室内冬暖夏凉。在三层的房梁上，还发现有彩绘的痕迹，但时间已经久远，只能隐约看到一些勾画的图案，却看不出内容了。据房子的主人讲，正房的三层从没有住过人。每年，七十多岁的男主人都会把三层门板一一卸下来，像晒书一样，晒晒这老房子。数百年风雨之后，当年把酒望月的气氛仍在。现在站在望月楼三楼上，还能像从前那样看到南庵庙，看到对面的山（图5-59）。

图5-58　望月楼三层正房　　　　图5-59　从望月楼三楼上向外看

望月楼院落宅基地狭小，工匠们利用有限条件大胆创造，建造出村内现在惟一的三层正房。同时，匠人又对各个细部小心设计，将院内的厢房都处理成简单的砖墙墙面，控制厅房的尺度，节约院落空间，减少逼仄感。

2) 参政府

参政府古建筑群位于村落中部、水街北侧，是村内现存格局最完整的棋盘四院（图

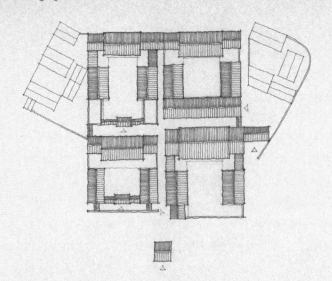

图5-60　参政府棋盘四院总平面图

5-60、图5-61）。主体建筑建于明末。参政府内建筑高大厚重，内部水井、碾磨等生活设施一应俱全，具有堡的防御特性。据村民说，只要准备充足的粮草，在遭遇匪患的年月里，关上大门，宅子里的人能够维持正常生活长达半年。

参政府的主体建筑建于明末，由拂云楼、竹园则、厅房院、仰山居和王氏后祠堂组成，东西和南北两条巷道作为轴线，将主院落联系起来。后又在清代加建了遵四本院。其中，厅房院有一座五开间的

图5-61　俯瞰参政府院落

厅房，是参政府的会客空间。竹园则院目前是一座三合院，有一座三开间的厅房。拂云楼院传说中是参政府中的书房院。仰山居的布局是较为典型的"四大八小"形制，推测是参政府内的主要居所。

整体建筑共有大门三处，主门位于庄河岸边石坡上，是纵轴的起点。门上原建有大门楼，故参政府又名大楼院。现存御赐的青石巨匾一块，上书："明忠臣亚中大夫山东右参政，赐天启乙丑科进士王徵俊第"（图5-62）。另外两个门则位于参政府东西两侧。东侧有二层门楼，上书"仰山居"三字。西侧大门即为王氏后祠堂大门，门上的匾额题字有"祠堂"二字。

(1) 厅房院

厅房院是参政府建筑群内最为重要的院落，主入口位于"棋盘四院"纵轴的南端，是家族内举行重大仪式的场所，例如婚丧嫁娶，接待重要官员等。厅房院东西宽23.4米，南北长37.6米，是上庄村内占地面积最大的院子。厅房院目前由厅房和两厢房组成，是三合院的格局。大门的位置类似于北京四合院的垂花门，位于院子的西南角。在厅房院院墙外侧原有三株古槐，这是上庄王氏用来表示自己为宋代"三槐王氏"的后人，现只剩一株（图5-64）。

厅房位于院子北侧，面阔五间。月台高近1米，南面正中的一条甬道，直通到院子的最南端。古代，只有取了功名的人或读书人才能沿着甬道，踏上台阶，走到月台之上。

厅房（图5-65）为抬梁式结构，建筑的外檐柱为八棱石柱。檐柱柱础

图5-62　棋盘四院入口处的石匾

采用钟鼓香炉座式，古朴大方。厅房的正面五开间均采用木制隔扇围合，每开间4扇，整面墙共有20扇隔扇之多。梁柱之间用丁头栱为支撑结构。厅房院正房在上庄村斗栱数量最多，共有10攒斗栱，明间有两攒平身科，两旁的次间均有一攒平身科。厅房外檐出挑的尺度也是村内厅房中最大的，出挑约有2.5米。由于厅房院院内较为开阔，所以站在院子的南端，可以完整地看到厅房的全貌。

中国古代民居建筑多用木柱作为支撑结构，用石柱的做法颇为少见。在上庄村内，建筑的檐柱采用石柱的，只有几处厅房。这里的建筑使用石柱的原因可能有三：第一，上庄村连年建造房屋，周边的木材已被使用殆尽，不得已而使用石材代替木材。第二，石柱较木柱而言其耐久性更强。第三，在古代，石柱难于雕琢，多用于一些纪念性的建筑，因此更显尊贵，上庄村的厅房采用石柱可能是为了显示主人的地位。

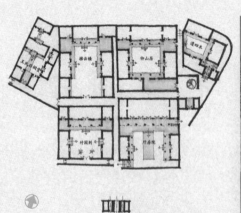

图5-63　参政府院落平面图

图5-64　古槐

图5-65　厅房院正房

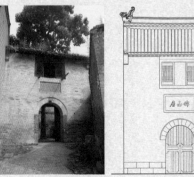

图5-66　仰山居入口门楼

图5-67　垂花门现状　　　　　　图5-68　仰山居南侧夹道　　　图5-69　"仰山居"与"遵四本"之间的过道

（2）仰山居

仰山居院落位于厅房院北侧，在整个参政府院落的东北角，因其邻近参政府东南"仰山居"门楼而得名。此院落是较典型的"四大八小"格局，东西宽20.2米，南北长22.4米，院内正房与东西厢房均为三开间，有外檐廊。

"仰山居"门楼在该院落的东南侧，是一座砖砌门楼，亦是参政府的东大门（图5-66）。门楼共有两层，一层开拱形门洞，内用实木大门，可以由内向外锁紧，并在东南角有楼梯通向二层。现在看来，这座大门的防御作用重于它的象征意义，符合参政府"堡"的特征。

仰山居院落的入口设在东北角。建造者在倒座房的东侧山墙设门洞，以倒座房的东侧两开间和东耳房为门房。院门的样子颇似北京四合院的垂花门。木门的垂柱端部由龙头和如意的木质构件组合而成，屋顶脊上有吻兽，整个大门营造得十分细腻（图5-67）。

仰山居与厅房院之间的通道非常细长，宽不到1米，当地人称其为夹道，是联系各个院落，以及战乱时逃生、避难的紧急通道（图5-68）。参政府的几条巷道宽度各不相同，或明亮或幽暗，具有不同的功能，给人不同的空间感受（图5-69）。

（3）竹园则

据参政府居住的老人回忆，参政府建筑群西侧原为一串院，由南边的竹园则和北边的拂云楼组成，两侧对称布置厢房。串院现已被改造为两个独立的院落。

目前的竹园则由厅房、耳房和两侧厢房组成。院子的大门在这个院落的东南角，二门位于南北轴线上，正对正房。院内古匾较多，正对入口的匾额上写道"居之安"，院子二门的匾额上写着"务本堂"。"务本堂"匾额的背面有明代嘉靖年间所刻"天宠褒荣"四字，此匾是较少见的双面匾额。院内二门两侧的砖雕影壁，上刻"丹凤朝阳"、"松鹤延年"等吉祥图案。

　　据房主回忆，厅房的南立面原为木质隔扇。屋檐出挑较深，两层叠涩出挑约2.5米。东西厢房没有檐廊，楼梯设在东西厢房北侧的山墙外，与正房的耳房相连。厅房位于院子中部，属于过厅。原本只有家族内办大事，才会将过厅南北两侧的隔扇门打开，供人通行。平常的日子里，都从侧门进出院子。整座院落装修简洁，是典型的上庄明代民居。

　　(4) 拂云楼

　　拂云楼院因其正房名为"拂云楼"而得名。传说此楼原高3层，形制和望月楼一样，在房屋三层亦有木质外挑廊（图5-70）。上庄民居正房多为二层，仅有望月楼和拂云楼的是三层。前文已述，望月楼是王徵俊读书时的住所。其取得功名后迁居于参政府，因怀念寒窗苦读时的日子，就在院落中建造了一座类似望月楼的建筑，即"拂云楼"。明末农民起义，王徵俊曾被俘获，后自尽于拂云楼三层。家人因悲伤，遂将三层改建为现在的二层。改造后的拂云楼是外廊式的，楼梯设在走廊的东侧。

　　(5) 遵四本

　　遵四本院位于参政府棋盘四院外的东北侧，为清代加建（图5-71）。正房脊枋上题有："乾隆二年岁次丁巳五月□□□午时"。这个院子的修建比棋盘四院晚约百年。由于上庄村中街的扩展，遵四本院格局已经不完整，仅保留有东厢房和倒座。

　　院西外侧尚存一古井（图5-72），井旁边为一条很狭长的过道。一般来讲，水井作为一个公共建筑，需要一个相对开敞的空间。显然，遵四本外的水井并不具备这样的条件。形成这样的矛盾的原因可能是：遵四本院原先是仰山居的一个院子，井的位置就在院子里，后来由于新建了遵四本院，但又不宜将井挪位。这样，便在建院时，在墙脚避开了井

图5-70　拂云楼原状推测

图5-71　遵四本院

的位置，并砌一拱形的龛，既作为井的遮阳棚，也可作为墙的支撑结构。

参政府是上庄村保存最为完整的棋盘四院。建筑群落的大门，四个单独的院落，后祠堂乃至水井均保存较为完整。参政府的四个主要院落功能各不相同，建筑风格也各具特点，能够体现参政府建造之初的使用情况，使人能够从中小窥明末官家生活。同时，参政府厅房院的厅房，竹园则院的二门，仰山居院的院门，都是上庄村单体建筑及装饰中的精品。

图5-72　古井

6. 樊家庄园

上庄樊氏以商兴家，自清咸丰时期迁入上庄，传至三世樊次枫时，其产业已具相当规模。当时樊次枫为阎锡山工作，任靖绥公署秘书处副处长，后在土地改革期间被正法。

樊家庄园（图5-73）位于上庄村最东边，整个建筑群依北高南低的地形而建。樊家庄园古建筑群包括五座"四大八小"的宅院、一座祠堂、两座草房院和一个后花园。其中图粼院、树德居、樊家西院和上院都是先后从王家买得的。新院和花园（二者共同组成"樊圃"）由宅主樊次枫于民国初年修建。即时，最终形成了一座园圃式宅院建筑。

樊家庄园由树德居、图粼院、西院、上院、新院、花园和马房院组成，规模庞大（图5-74）。

樊家庄园原本有三个入口，分别位于建筑群的东侧、西侧和北侧。其中西入口为建筑群的主入口，位于水街北侧河道的旁边。入口门楼有两层高，坐北朝南，底层有一条东西向通道穿过门楼。通道南面的拱形门洞是在门楼内看水街的景框，亦是水街上的一道风景。进入樊家庄园原本需要沿河岸边，经过一条狭长的道路（图5-75），穿过门楼，才能进院落的前院。抗战时期因防御需要，主人将此门楼封闭，将门楼东侧过道改建为垛口形式（图5-76）。东侧入口位于水街与中街的交界处，原也有一座两层高门楼。据主人回忆，门楼上原有匾额"瑞接樊山"。樊家庄园的北侧也有一个两层的门楼，是建筑群的后门。

旧时由于时局动荡，樊家庄园各院落和院墙通过联系，形成完整的封闭式布局形式，并通过三个门楼跟外界交流，是典型的内向型院落组群。后来由于中街的开辟，东门楼和建筑群西侧的院墙均被推倒，樊家庄园完整的格局被打破，建筑群的性质也由内向型转变

图5-73　樊家庄园古建筑群鸟瞰

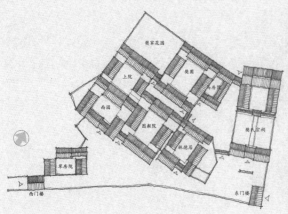

图5-74　樊家庄园布局复原图

图5-75　樊家沿水街的入口通道

图5-76　樊家入口处垛口　　　　　　　　　图5-77　樊家庄园南院古井

为外向型。南院由封闭式院落成为一个公共空间，院内的古井周围成为人们经常活动的场所，是村民们聚集、开展文化生活的地方（图5-77）。

1) 图粼院与上院（图5-78）

图粼院是樊家庄园中的主院，曾是樊次枫的居所。图粼院是一座"四大八小"式院落，南北长16米，东西长12.8米，由正房、东西厢房和倒座组成。院子的入口在西南角。图粼院因经过翻修，脊枋题字已不复存在，所以没有关于这个院子建造年代的准确记载。据推测，翻修是因为樊家将王家院落买下后，将脊枋上关于王家的题字一并抹去，又改换了院落名称，所谓"易主更名"。图粼院是樊家兴起时最主要的居住场所。

该院采用的是木结构，外砌砖墙，整个墙体厚达0.5米，墙体内外砖墙之间形成的空气层，具有良好的保温隔热作用。

从图粼院内西北侧上几步台阶便是樊家上院。原本樊家上院与樊家西院是一个串院，现在改造成了两个独立的院落。后人打通了樊家上院与图粼院之间的隔墙。樊家上院与图粼院有所不同，只有正房一面有挑廊。正房一层的横梁出挑1米，支撑着二层的结构，横梁的端头有护梁板，不仅起到保护横梁不被

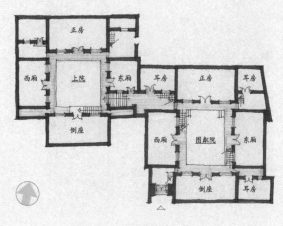

图5-78　图粼院和上院平面图

雨水腐蚀的作用，而且十分美观。正房二层的檐柱上有两层相叠的梁，分别支撑在丁头栱和檐柱上。

樊家上院与图瀫院过渡的地方，空间丰富，包括一个居住空间和一个走道。这里的居住空间和其他所有的居住空间都不同，虽然只是一间小小的卧室，但是却有两层高。主要是因为上院和图瀫院有高差，而这间房子是上院的东厢房，其地坪却与图瀫院同高。为了使东厢房与西厢房高度一致，便形成了这样的空间效果。按现代居住空间的标准来看，这样的尺度是不适宜居住的。这个房间的墙体也别具一格，南面墙体一半是砖木结构，一半是门扇形成的墙体。究竟是主人别出心裁故意建成的这种墙体，还是因为墙体坍塌之后，主人用这种多余的门扇将墙体补充完整，现在已无法推测。房子西面的墙体开了一扇特别大的窗户，窗户下面又开了一个凹洞，用来放缸等杂物。上院与图瀫院高差约1.2米，之间用石阶连接。连接之处在图瀫院厢房侧与耳房之间，这里光线昏暗。拾阶而上，及至上院，豁然开朗（图5-79）。

图5-79　由图瀫院向上院看

2) 树德居

图瀫院东侧的树德居是樊次枫父亲的居所（图5-80），是樊家从王氏人家买得。树德居与图瀫院有很多相似之处，只是入口位置不同。树德居院内部结构保存完好，其院落尺寸较图瀫院小，因此给人的感觉更加幽静。

3) 草房院

南院西侧是樊家草房院。草房院虽是封闭式院落，但毕竟不是正院，所以建造得相对自由，不像"四大八小"式院落那么强调中轴对称和结构严谨。村内一般院落正房两侧为看家楼，而樊家的草房院有一个3层的看家楼。此处的看家楼是樊家庄园南侧的制高点，这样的设置，具有明显的保家护院的防御作用。

4) 樊家新院

樊氏是商贾人家，在院落建造和建筑装

图5-80　树德居的沿街立面　　　　　　　　图5-81　新院的入口及樊家庄园沿街立面

饰等方面特点鲜明。图粼院、树德居、樊家西院、樊家上院和草房院均建于明代，原本属于王氏，建筑装饰风格较为简朴；而新院建于民国初年，在建筑装饰和建造材料上采用了许多新的手法，与其余单院截然不同。

　　新院入口位于庄园的南面正中（图5-81），是一个砖雕拱门（图5-82），门上原有"幽色溪声"匾额。穿过庄园入口便是樊家庄园的前院。新院入口设在东南角，门高约6米，门上装饰极其繁复，木雕的斗栱和雀替具有清代装饰的特点（图5-83）。门檐屋脊上还有雕花装饰。新院平面是"四大八小"，正房三开间，有外檐廊，正房与其耳房之间有楼梯可达正房二层，厢房与倒座耳房间有楼梯可至倒座二层（图5-84、图5-85），厢房与倒座之间设有照壁门头。

　　新院既继承了明代的建宅风格，也借鉴了西方的建筑元素。院内有"竹

图5-82　新院(左)及樊氏宗祠(右)的主入口

图5-83 新院入口

径"、"乐琴书"、"慕陶居"、"履中蹈和"、"息游"、"藏修"等题额。"慕陶"二字意为仰慕陶渊明，意即新院是一处追慕像陶渊明归隐后的世外桃园的居所。樊氏渴望成为书香门第、追寻风雅，于是将自己的宅院命名为"慕陶居"，一为表明自己的向往与追求；二为把自己这个外来户完全融入天官王府的文化氛围，既是附和，又显得融洽。

由于新院建于民国时期，所以有机会采用当时较为新颖的建筑材料，例如水泥装饰、门窗油漆和玻璃的使用。当时水泥是非常贵重的装饰材料，只有少数达官显贵才会将其作为装饰。新院建筑采用玻璃窗户，室内较为明亮。院内现存的正房木质门扇的颜色是白色的，木窗是绿色的，使这个院子的建造风格明显区别于别的院落。

樊家新院和花园相连，共同组成"樊圃"院落，从新院穿过两道门即

图5-84 新院正房

图5-85 新院的西厢房

可到达花园。第一道门上题有"竹径"二字，故称之为"竹径"门（图5-86）。其采用月亮门形式，雕刻有葫芦和寿桃等纹样，寓意福寿绵长、多子多孙。这一入口造型融入了西方建筑的元素，门顶部用拱式花墙造型。"竹径"门前是进入花园的第二道门，门上题有"乐琴书"。穿过门有窗牖，砌有水泥滴花装饰。古代只有显贵家庭才有能力建造私人花园，上庄仅参政府和樊家庄园两处有私人花园，均已损毁。

樊家庄园的价值体现在三方面。

第一，其院落形成过程不同于其他院落。如尚书府和参政府，这两座院落均是按照棋盘四院的格局、一次性建成的。而樊家庄园是在购买已有宅院的基础上，逐步修建宅院和祠堂，最终形成现在的规模。

第二，因建造过程不同使得各单院表现出不同的特性，既有不同的空间特质，又有不

(a)"竹径"门

(b)"乐琴书"门

图5-86 樊家花园入口

同的等级区分。就空间特质而言，王氏的棋盘四院规制严整，显示出官式建筑的气派和威仪；而樊家庄园的各单院前后错落，院内地坪高低不一、空间多变、别有趣味。就建筑等级而言，樊家庄园内的图粼院和树德居均有四面挑廊，上院设单面挑廊，西院则没有设挑廊（图5-87～图5-89），体现出各院落等级不同。

第三，由于院落建造时间前后跨越百余年，反映了不同时期的建筑风格和建造手法，其中尤以樊家新院的艺术价值最高。新院建于民国，不仅是樊家庄园内的精品，亦是上庄民国时期建筑的精华。新院内装饰精巧，并运用了西方的装饰图案。此外，还采用当时较为先进的水泥作为装饰材料，体现了较高的施工工艺。

图5-87　图粼院的四面挑廊

图5-88　树德居的四面挑廊

图5-89　上院的单面挑廊

【第六章】

上庄古村的
建筑装饰艺术

一、概　述

上庄古村的建筑装饰，因其建造年代不同而各具特点。其中以明末清初的装饰居多，古朴大方、简约明快，门楣上的题额或匾额意味隽永、耐人寻味。而清末与民国时期的建筑装饰则显得华丽、精巧，木雕、砖雕、石雕图样复杂、雕刻细腻。这一时期最具代表性的是樊家庄园樊圃中的建筑装饰。这两种不同类型的建筑装饰共同营造出庄重肃穆而又不失清秀灵巧的空间气氛。

二、各种建筑装饰

1. 梁架木装饰

上庄古村中，梁架装饰以彩绘为主，多集中于公共建筑中，居住建筑中较少。各院落多由两层或三层的建筑（最高的看家楼可达五层）围合而成，只能在建筑顶层看到梁架的主体结构。顶层房间多用于储藏、祭拜，非居住之用。这是一个有趣的现象，工匠耗费很大精力雕琢梁架等构件，其装饰效果却很少有人能看到。

现保留彩绘梁架的院落有：南庵庙、尚书府、望月楼、河口院和厅房院（图6-1）。南庵庙献殿内的梁架是村内目前保留最好的彩绘装饰。梁架上的彩绘图案以吉祥云纹为主，色彩有朱、白、青、黛四种（图6-2）。望月楼正房三层梁架上的彩绘已经模糊，仅可分辨出使用白、绿两种颜色，但三架梁上的花朵纹样还清晰可见。它的厅房梁架上的图案则要丰富一些，有青色的如意纹样，其形状恰好和檩条之间的连接构件一致（图6-3）。

2. 门楼装饰

图6-1　尚书府前院正房梁架彩绘

上庄古村中有多种样式的门楼，根据装饰材料不同，可以分为木雕门楼与砖雕门楼。按其等级，又可以分为牌楼式门楼、门洞式门楼，以及介于二者之间的自由式门楼。

图6-2　南庵庙的梁、枋以及斗
　　　　栱上的彩绘

图6-3　望月楼的厅房梁架

　　门洞式门楼是二层建筑，底层为入口空间，门洞和建筑墙体融为一体，二层是院落中的倒座房。这一类门楼没有繁琐的装饰。司农第、中院和沿街院的门楼都是这种形式。中院和沿街院的二层房间向外挑出，类似南方的"骑楼"（图6-4）。

　　所谓牌楼式门楼，其实就是在门洞上加一顶"帽子"，这顶"帽子"有砖雕的也有木雕的。如竹园则处的门楼，就为砖雕门楼（图6-5）。在门洞的两个顶角上分别雕花饰纹样，纹样微微向上拱起，其形状恰好和门洞过梁的力学特征一致。雕刻技法较为严谨，在门洞的左右两侧，各有一根纤细的圆柱高浮雕。这类门楼，从形态上看是模仿垂花门，只不过在比例上有所变化。而在牌楼檐口的下方有着精美的浮雕。这些雕刻的手法和题材吸取了许多年画中的元素，例如一个孩童怀抱如意，在花丛中露出得意的笑容。

　　进士院的门楼是砖雕门楼，雕刻精美，保存较为完整，是古村现存门楼中的精品（图6-6）。其门洞呈圆拱形，在正中有一凹槽，门框正好镶嵌其中。在门洞的上部，有四个石雕斗栱，斗栱上边是石制的屋檐，檐口分两层挑出。由于是明代所建，斗栱与门高的比例偏小。在门洞的左

图6-4　上庄的门洞式门楼

右两侧，还有两条纤细的浮雕石柱垂下，应该是模仿木制垂花门的形制，不过其直径要比垂花门的小许多。除了前述典型实例，樊氏宗祠和竹园则院落中也有砖雕门楼，而且屋顶都比较高大，其门洞高度还不到整体高度的一半。

"樊家庄园"中以木雕门楼居多。例如樊氏宗祠的"绳祖武"门楼（图6-7），雕刻繁杂，不但有多层重叠的斗栱，还可以在柱子上看到精致的龙形雕刻（图6-8），柱子的端部有镂空雕刻。再如樊圃的木雕门楼（图6-9），其额枋上有精美木雕，并且排列着三层重叠的斗栱。除此以外，在厅房院和仰山居院落中也有木雕垂花门（图6-10、图6-11）。

樊圃的建筑装饰，将清代以来的装饰风格体现得淋漓尽致，在其门楼和其他檐下装饰中运用了浅浮雕、镂空雕、圆雕等手法，体现了匠人的娴熟技艺。

图6-5　竹园则的砖雕牌楼式门楼及细部雕刻　　　图6-6　进士院砖雕门楼檐口细部

图6-7　樊氏宗祠的木雕牌楼式门楼　　图6-8　精美的木雕　　　图6-9　樊圃的木雕门楼装饰

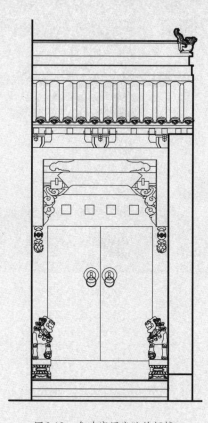

图6-10 参政府厅房院的门楼

图6-11 参政府仰山居的门楼

3. 雀替

　　上庄古村现存雀替雕刻细致繁杂，多以祥禽瑞兽、吉祥符号等为题材，是木雕艺术的集中体现。其中尤以南庵庙和樊家庄园中的雀替最为精美。

　　清代雀替在结构承重方面并无太多实际作用，只是在视觉上将交接处的直角"削去"，形成较为柔和的形象，避免柱与枋的交接过于生硬。上庄村的雀替多形态颀长，其垂直高度能达到柱子的四分之一长甚至更多，像是在柱间加设了门框。

　　樊圃的雀替的横向部分比纵向部分稍稍短一些（图6-12），中部刻着"寿"字，或呈火焰纹样状。而端部则以龙形纹样居多（图6-13）。由于是在民宅中，早已失去了其作为辟邪瑞兽的威严气势，亦不是象征身份的符号，仅有一副龙形，神态却憨厚滑稽，这是雕塑"玩偶化"的一种体现。

图6-15　秦家楼正房栏杆上的蝙蝠纹样雕刻　　图6-16　樊圃的长木栏杆

图6-12　雀替

图6-17　莲花木雕　　　　　　　图6-19　牡丹木雕

图6-18　望月楼扶栏木雕

图6-13　雀替局部

图6-14　秦家楼
正房的博风板

4. 挑廊与扶栏

　　上庄古村部分建筑在二层设有木挑廊，挑廊上集中有许多木雕装饰。挑廊外侧有栏杆、栏板，在承托檐廊的出挑梁头上挂有博风板，博风板上往往雕有各种吉祥图案。例如秦家楼正房的博风板，刻有"寿"的图案（图6-14）。

　　古村的栏杆造型丰富，风格多样。有的扶栏非常简单，仅有几根竖向布置的木条。例如秦家楼正房的扶栏（图6-15），在最上面的两根横向木条间嵌有蝙蝠纹样木雕。因"蝠""福"谐音，民间常用蝙蝠飞临寓意"福运来到"，蝙蝠的形象亦被视为美满幸福的象征。有的扶栏则较为精巧。例如樊圃的栏杆，中间是一组菱形的二连纹样，在菱形的上下左右一共有六朵花形纹样，形成点缀（图6-16）。花饰纹样的类型是多种多样的，例如河边下院栏杆下的木雕装饰（图6-17），采用的是莲花的纹样，只不过是单枝造型。望月楼院落中也有采用类似纹样的栏杆雕刻（图6-18）。莲花在上庄村的雕刻装饰中比较常见，其"出淤泥而不染，濯清涟而不妖"[1]，寓意志趣高雅、超脱尘世。在河边下院，还有牡丹纹样的木雕（图6-19），象征富贵吉祥。

5. 建筑门窗

上庄村的门窗以方形或方形的变体为主要形式。方形门窗，即是在矩形的门窗洞口上部用一根木条或条石作为过梁，再嵌以木框。而方形的变体门窗，是以方形为基本形，顶部用青砖砌拱，形成弧形和方形结合的构图。除了这两种基本型，还有其他造型。例如南庵庙的圆形窗洞（图6-20），恰好处于一个过道台阶的上方，圆形的窗和拱形的门洞上下呼应，非常有趣。尚书府中，有一个扇形窗洞（图6-21），一个六角形窗洞（图6-22），与尚书府的江南风韵相映成趣。新台上的异形门洞（图6-23），与新台上建筑空间的活泼灵动相得益彰，同属上庄村的孤例。

上庄古村的窗大致分为两类，一类是支摘窗（图6-24），一类是隔扇门窗。使用隔扇门窗的建筑一般等级较高，例如秦家楼的正房和倒座。隔扇门窗其实不是严格意义上的窗，而是门窗的组合。古村的窗有一定的平面构成方式，一般在水平方向上分为三个部分，中间一段的窗框要比两侧的窗框向前凸起，分别在四个角固定（图6-25）。上庄的门多为实拼门（图6-26）。实拼门分为两个部分，包括上部的明窗和下部的门板，二者的高

图6-20 南庵庙的圆形窗　　图6-21 扇形窗　　图6-22 尚书府的六角窗　　图6-23 异形门洞

1 【宋】周敦颐，爱莲说，引自：中国古代文学作品选（第二分册），杭州大学出版社，1998年第一版，P464。

图6-24　支摘窗

图6-25　窗的平面构成

图6-27　樊圃窗

图6-28　樊氏宗祠窗

度比例约为1：2。和窗户分段类似，门板在横向分为三段，左右两段不能打开，在中间的腰线位置有两道木板作为修饰。上部的明窗则雕刻有各种图案。

　　就上庄古村总体而言，门窗的雕刻工艺较为质朴。但其中亦不乏制作精巧者，如樊家庄园樊圃和樊氏宗祠中的窗棂（图6-27、图6-28）。直线条窗棂起支撑作用，并辅以曲线条进行装饰。后者为花草吉祥图案，用黄色描绘，窗框则被漆成黛色，将窗体边沿勾勒出来。整个窗面层次分明，细节丰富。

图6-26　磨头院的实拼门

6. 石兽雕刻

这里的"石兽"主要指石狮,一般成对出现,分别位于宅院门前左右两侧。石狮往往是左雄右雌布置,雄狮左蹄踩球,俗称"太师";雌狮右蹄抚幼,俗称"少师"。狮的毛发卷成疙瘩状,称为"螺髻"。一般而言,"螺髻"的数量因宅院等级不同而有严格规定。一品官府门前石狮头可雕13个疙瘩,称为"十三太保"。每低一级,就要减少一个。七品以下官员门前摆石狮即为僭越。虽然关于石狮的形象和配置从唐宋之后就有了较为固定的模式。但是,在上庄古村中,不仅有左脚踩幼狮的"太狮",还有远远超过十三个螺髻的石狮。由此可见在民间装饰中,所谓"形制"等并不具有绝对的约束力。

上庄现存石狮以门枕石狮居多,如司徒第、竹园则等宅院中的石狮(图6-29)。狮子前肢右足直立,左足曲肘踩绣球,牙齿紧闭,略显憨态。下边的基座上刻有云纹。而村大队院内的石狮,原位于王氏后祠堂,狮子脚踩幼狮,上体微微前倾,张着嘴,露出尖利的獠牙,脖子上戴有挂着铃铛的项圈。两只石狮毛发纹理清晰,呈螺旋纹,体态丰满,肌肉的纹理清晰可见。

即使在同一座院落中,石狮雕刻也有不同的风格。例如竹园则和厅房院同属于参政府院落,竹园则院落门枕石狮(图6-30)显得十分温顺,其体形似家养小狗。狮子的两只耳朵向前耷拉,嘴巴向两侧翘起,双目直视前方。身体的雕刻运用浮雕手法,除前肢轮廓较为清晰,其他部分几乎融合在一起。而厅房院西侧门的门枕石狮(图6-31)则是另一形象,脚踩绣球、狮口微张、上身挺立,显露出一派威严神情。

7. 照壁

上庄古村照壁以门内照壁居多,只在樊氏宗祠前有一门外照壁。照壁对院落空间进行分隔、遮挡,增强其进深感和空间层次。照壁一般由上至下分为三个部分,壁顶、壁心和壁座,分别有不同的装饰手法。上庄照壁较为简洁,符合其文人官宅的整体氛围。以壁心为例,一般不会

图6-29 门枕石狮

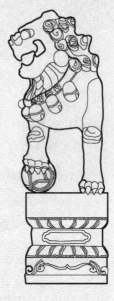

在整个壁面上雕满图案，只在中心、四角等关键部位（俗称"岔角"和"盒子"）进行雕刻。上庄照壁装饰取材广泛，内容丰富，不管是远观还是近看，都能从中获得乐趣。

樊氏宗祠的一座照壁（图6-32），四角雕有仙鹤、祥云和花卉；中间的雕刻已经脱落，从残存的痕迹上判断，是麒麟一类的神兽。照壁的底部分为两层，上一层雕有牡丹、菊花等花卉纹样，下面一层雕有石狮。

下面图中的这座照壁细部也生动有趣。有狮子纹样，只不过其形象已经世俗化，更具

图6-30　竹园则的门枕石狮　　图6-31　厅房院的门
　　　　　　　　　　　　　　　　　枕石狮

图6-32　樊氏宗祠的照壁　　　　图6-33　照壁砖雕细部

戏谑效果；有黄牛耕田的图案，反映劳动人民的日常生活；有鸟儿啄食的图案，体现工匠对生活细节的捕捉（图6-33）。照壁背面只在壁心正中有一图案（图6-34），为喜鹊和梅花的图案组合，寓意"喜上眉梢"。

上疙瘩院的一座照壁，以麒麟为主体图案，壁心抹灰有部分脱落，龟背纹样得

图6-34　照壁背面的砖雕　　　　图6-35　上疙瘩院的照壁

以显露。麒麟又称"骐麟"，是古代传说中的神兽，与凤、龟、龙并称"四灵"，寓意祥瑞降临、子孙贤德（图6-35）。麒麟有麋身、牛尾、马蹄、鱼鳞，性情温和，被视为"仁兽"。在其头顶与脚下均有祥云，寓意事事如意、平步青云。壁心左上角为梅花纹样，两个底角为鸳鸯戏水纹样，仅雕刻出体态轮廓，与麒麟的细致雕琢形成对比。

8. 墀头

墀头是硬山顶山墙端头的总称，起承重和装饰檐口的作用。墀头一般竖向分为上、中、下三部分，最下面是基座，中间为主体，一般雕以植物、动物、人物等。上部以檐收顶。上庄古村现存具有较强装饰作用的墀头主要集中在樊圃和樊氏祠堂中。

上庄古村的墀头从雕刻手法的角度可以分为两类，趋于平面化的和趋于立体化的。前一类墀头的表面基本上和墙体相平，以浮雕为主，注重面内的处理，线条很多，处理手法复杂；后一类则和墙体有着明显的区分，以圆雕为主要处理手法，注重面与面的关系，强调体积感和光影效果。

如樊圃的这一例墀头就采用了平面化的形式（图6-36）。墀头作为一个整体，镶嵌在墙中。在雕刻风格方面，似乎有欧洲巴洛克的艺术特征，大量曲线的运用和不同层次雕刻的叠加，让人难以在短时间内对雕刻的形象有一个准确的判断。中部的主体又分为两段，中间用一组三连纹样进行分隔。

而樊家庄园樊圃的另一例墀头则采用立体的形式（图6-37），中间一段的体量完全暴露在外面，而且还用两道线角强调立方体的边。在基座上可以看到欧洲"爱奥尼"柱式的涡卷形纹样，这是受外来建筑文化影响的表现。当然，大量出现的图案还是中国传统纹样。例如樊氏宗祠中的神兽（图6-38），不过这个墀头中部的神兽已经异化了，有着人的

图6-36　樊圃的墀头（一）　　　　　　图6-37　务本堂墀头（二）　图6-38　樊氏宗祠的墀头

脑袋，狮子的身躯，背后还有飘舞的丝带，上下用装饰纹样进行烘托。

9. 吻兽和瓦当

上庄古村的吻兽做工精细、富于变化，体现了传统工艺的精髓。同其他装饰一样，不同造型的吻兽代表不同的等级。根据吻兽所属院落的属性，分为公共建筑的吻兽和居住建筑的吻兽。吻兽按照其嘴的朝向，可分为背脊吻兽和吞脊吻兽，它们之间有一定的等级区别。此外，吻兽的表情亦会根据房屋等级不同而有所差异。

在祠堂或寺庙等公共建筑中，吻兽只是种类繁多的脊饰中的一种。一般会在正脊的正中安放宝顶，两端安放吻兽，正脊上雕刻有精美的纹样图案。南庵庙作为上庄村现存最大的寺庙，正脊和垂脊均有较为完整的装饰类型。而村落中其他建筑的脊饰主要集中在吻兽和正脊上。

上庄村居住建筑大量使用吻兽装饰。根据当地的习俗，屋脊上的脊兽是辟邪之物，不仅可以赈灾辟邪，甚至会压制邻居宅院的运势。如果吻兽张开大嘴面向邻家院落，会有"吃掉邻居"之谶。于是为避嫌，要在此吻兽嘴上罩罐子（图6-39）。

上庄不乏形象生动的吻兽雕刻，有鱼的形象、孔雀鸟的形象、蛟的形象等。由于吻兽位于屋脊的两端，随着屋脊的错落，吻兽也高低不同，例如磨头院中的吻兽，其头部高高扬起，目视斜上方，尾鳍卷起，高过头顶，上面雕刻着波浪状的纹样（图6-40）。

吞脊吻是吻兽等级较高的形式，一般在寺庙建筑中可以看到。由于参政府的厅房规格很高，所以也使用吞脊吻（图6-41），参政府吞脊吻的双眼突起，目露凶光，牙齿清晰可见，尾部非常宽大，上部纹样和正脊上的纹样属于同构，相互呼应。

图6-39 罩罐子的吻兽

图6-41 参政府厅房院的吞脊吻兽

图6-42 广居门的吻兽

　　同样是吞脊吻，广居门门楼上的吻兽则温和许多（图6-42）。吻兽的眼睛并没有突起，而是陷在高高的眉骨下面。尾巴采用鱼尾的造型，柔和的曲线型使得屋顶具有灵气，前肢则富有力量感。这大概和广居门的灵秀建筑风格相辅相成。除此之外，其他院落中的吻兽同样形态各异、雕刻精美（图6-43）。

　　瓦当又称"瓦头"，是筒瓦顶端下垂的构件，基本造型为圆型或半圆形，其作用为阻挡瓦垄下滑以及引檐水下滴。与常见的瓦当不同，上庄古村的瓦当加入了许多民间的题材，例如猫（图6-44），憨态可掬的样子让人忍俊不禁。与此同时，也存在一些常见的花草和吉祥图案的装饰纹样。

　　除了瓦当，滴水也是工匠们发挥较为自由的地方，有的是简洁明快的几何图案，有的则是在讲述一个故事，层

图6-40 磨头院的吻兽

图6-43　上庄其他吻兽

图6-44　樊氏宗祠瓦当

图6-45　进士院滴水

次较为丰富（图6-45）。

10. 铺首

　　所谓铺首就是大门门扇上的门环，供叩门之用，同时具有装饰效果。许多铺首上嵌有怪兽纹样，张着大嘴、口叼铁圈，称为"兽面衔环"。一般用铜和铁制作，把它安置于大门高处，大致位于人抬手可及的高度。过去，重要的大门几乎都要做铺首，不仅美观，还有驱邪镇宅之寓意。

　　上庄古村的铺首要简单许多，几乎没有兽面装饰，而是以门环和吉祥图案居多。从明代的磨头院到民国的樊圃，最为典型的图案是中间方形、四周叶片状的四连纹样，出现在多个院落的大门上（图6-46、图6-47）。惟一有所变化的是铺首圆盘边缘的形状，有的是圆弧和尖角相隔出现，有的则全都是圆弧状（图6-48）。

  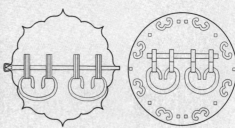

图6-46　磨头院铺首　　　　图6-47　樊氏宗祠铺首　　　　图6-48　进士院与新台上铺首

—— 附　录 ——

附录1　上庄村纪事年表

明成化10年（公元1474年），上庄村民王遵（家谱中记载为"遵公"）考取举人，位列第二名。

明成化20年4月（公元1484年），在村东寨坡药王庙内凿六角井，村民将井水奉为"圣水"。

明弘治年间，重修火星庙。

明正德7年（公元1512年），霸州（今河北省霸县一带）刘六、刘七农民起义军进入上庄村、中庄村、下庄村，不久离去。

明正德年间，在村南山坡修建三教堂，即现在南庵庙的前身。

明嘉靖23年（公元1544年），上庄村民王国光考取进士。

明嘉靖25年（公元1546年），上庄村民王道考取举人。

明嘉靖44年（公元1565年），上庄村民王淑陵考取进士。

明万历6年3月（公元1578年），王国光捐资，用砖石修筑阳城县城墙。

明万历10年（公元1582年），上庄村民王兆河考取举人。

明万历13年（公元1585年），上庄村民王洽考取举人。

明万历18年（公元1590年），重修三教堂。

明万历42年（公元1616年），修缮崇仙庵（即现在北庵庙）。

明天启5年（公元1625年），上庄村民王徵俊考取进士。

明崇祯4年（公元1631年），王嘉胤带领农民起义军从陕西进入山西，在沁河流域与官军作战三年。

明崇祯5年（公元1632年），王嘉胤起义军紫金梁部进入润城镇、上中下三庄以及郭峪村等地，当年又有数万起义军自沁水、武安进入屯城、上伏、上中下三庄、郭峪村等地。

清顺治3年（公元1646年），上庄村民王兰彰、王润身两人与阳城县内其他8人同时考取进士，被县内誉为"十凤齐鸣"。

清康熙32年（公元1693年），修缮崇仙庵。

清乾隆19年（公元1754年），重修永宁阁。

清嘉庆3年（公元1798年），修缮永宁阁。

清嘉庆年间，上庄辖属润城都白巷里。

清道光11年（公元1831年），扩建南庵庙。

清道光17年（公元1837年），上庄村民徐鉴考取举人。

清咸丰9年（公元1859年），修缮永宁阁。

清光绪3年（公元1877年），大旱，村民死亡近半数，人相食。

清光绪33年（公元1907年），大旱，村民有饿死者。

清光绪34年（公元1908年），上庄村设"初等小学堂"。

附录2 上庄王氏先贤名录进士表

序号	姓名	字、号	房支	年号	科别	官职
1	王国光	字汝观 号疏庵		嘉靖	甲辰（公元1544年）	上青官光禄大夫太子太保吏部尚书
2	王淑陵	字之义		嘉靖	乙丑（公元1565年）	湖广布政使司左参政
3	王徽俊	字梦卜	潜光公支	天启	乙丑（公元1625年）	山东布政使司右参政
4	王兰彰		言公支	顺治	丙戌（公元1646年）	山西阳谷县知县
5	王润身			顺治	丙戌（公元1646年）	户部湖广清吏司主事

附录3 上庄王氏先贤名录举人表

序号	姓名	字、号	房支	年号	科别	官职
1	王遵			明成化	甲午（公元1474年）	平阳府万泉需学教授明中叶三庄发科第一人
2	王道		道公支	嘉靖	丙午（公元1546年）	奉政大夫户部陕西清吏司郎中
3	王兆河		国光公支	万历	壬午（公元1582年）	拟授别驾
4	王洽	字仁甫 号需裹	言公支	万历	乙酉（公元1585年）	
5	王永彰			康熙	丁卯（公元1687年）	武举

附录4 可乐山碑记

公讳淳，字龙池，号伯远，再号完初，迺祖教读讳淑曾公长子也。资敏学博，于庠有声。聘蔡氏，配曹氏、续氏。世居阳城白巷里之上庄村。明癸酉五月十四日，父见背，值时变，未得启母曹氏姑薧。越丁亥，兄氏念祖营茔上佛□坪地狭，不能附葬，勉力卜□□。父与母曹氏葬于□□□□。时母蔡氏犹在蔡家祖茔□□，次儿辈莫之知也。幸□□□氏恭俭，持家事，务大体。居常嘱诸子曰：尔有前母蔡氏，年将及笄，未成婚礼而卒。当迁于吾茔以全尔父初聘之义。不孝元机遵母遗命，于壬子岁，启前母蔡氏同生母续氏俱于斯焉，茔合窆焉。兄元启配张氏葬于父坟之左，二兄元槩，三兄元枢，庠生，葬于本村之潘坡。没者心安，生者情尽，谨志石以垂不朽云。

次年春月，用价五星，卜地于西山之上建修一塔，附刊此石共为永记，伏望后人嗣而治之，可谓孝矣。

大清康熙十五年三月初二日

不孝男元机立撰

附录5　故处士阳城王公墓志铭（注释：文征明为王国光的父亲而作）

　　吴江尹王公国光，闻其先父处士公之讣，匍匐奔归。道出长州，诸余泣言曰：丁未之春，国光入觐归自，京师，将乘间省公于家。公亟以书止之曰：汝民社所寄，觐事有程，万一以我故，旷日鳞官，非独无益于吾，适以贻吾之忧也。国光不得已，遂行还任。未几，闻公患疡，始悔不前归省，因遣人候问，且以不得侍疾为念。公病间，还书诚之曰："尔力而职，毋以乃公废乃事，有所罢行，悉以报我庶几，我用事自慰尔。"国光方恃公之清明，可无恙也。讵意受书，无几，而大故及之。呜呼！痛哉！终天之恨所不忍言，惟是公之潜德不可遂泯，今归且葬，得先生一言铭之，尚庶几少逭不孝之罪。乃奉同年友申君汝童所为壮，以请按状。公讳承祖，泽之阳城人，世为晋阳著姓。曾大父聪；大父子文，以赀为郎，父昴，尝游学官，未仕，卒。母李氏。公生雄俊阔达，能激印任事，甫成童即能代父理家，家木温裕，至公益事振植，积贮有度，□播以时，蚤夜勤力，遂用起其业不替而加降。居常以礼自持，而疆执不挠，能孝二亲，丧之，易而能戚处其承恩，尤极友爱。弟卒，抚其子女若己子女，哺被婚嫁，维悉维均，家人欲分，卒不许，曰："诸孤虽立，犹未更练，万一偾事，遗亡者之忧，吾之责也。"尤善教子，国光少有异质，极意训□，竟以有成，既举进士，而祖有志，于是汝能如是，足以慰尔祖于地下已。及官吴江，诏之曰："吴江，时贼之区，人灵物阜，人繁茂难理，物阜易动，惟勤惟廉，庶其克之。"国光在邑，□□敷化，极意拊植，期年而化，有古循良之风，民方恃赖之，而以忧去，则夫公之率也，岂独一家之忧，一方一邑之不幸也。呜呼！惜哉。公凡三娶：原配原氏，兰州吏目原公辂之女，庄静若渊，明慧知书，尤娴礼训归王，勤于女职，事舅姑、执妇道，维谨笾豆，维洽昭穆，仁贤之声，达于中外，不幸先公若干年卒，年仅二十有六，生子二人：长重光，次即国光，继曹无子，再继张，生子奎光，侧室子近光、耿光。女四人：长适县学生李云鹤，余幼。孙男三人：尧山、尧风、尧日。孙女二人。公生弘治庚戌十一月四日，卒嘉靖丁未十二月三十日，享年五十有七。以□□□山光茔，原氏附。铭曰：□□□□□□□□□□□□，有展士，公既贞，□硕弗骞，以河言教，而克修正履方，木质而理，勤厥有家，或成其子，子道之有父德，攸允胡不遐龄中道而陨！王屋峨峨，松阡郁郁。有偕斯藏，以永无泐。

前翰林院待诏将仕族佐郎兼修

国史　长州文徵明著并书

附录6　明故寿官爱莲居士曾祖王公墓表

　　按志，曾祖讳鼎，字廷器，别号爱莲居士，世居阳城白巷里。曾祖之高祖讳怀英，逦十之子，四之孙也，以前不可考，虽美弗彰。曾祖讳得刚，抱志秉礼，足为一乡善士，法尝以里中事入官府，奇其状貌，礼之，竟以干济称。祖讳聪，尚明义文章，尝谓富民周氏曰：尔万镒，何如吾子一。经其后，叔高祖讳遵，果以名士，领成化甲午科第二名，人皆曰：某可知义方也。父讳子文，素以□□自豪，见者无长少皆敛容。以曾孙之贵，追赠光禄大夫太子太保吏部尚书。母□□，赠一品夫人，天顺□年二月十三日生，曾□□□□群既壮，磊落旷达，长于□。故尝行货洮陇间，不屑屑刀钱，而视时贸易，占资日愈多。父惟性严，左右常得□心，友爱出天性，斗粟尺布，不异于弟。诸妹于归，时问寒温，周所不逮，其笃伦理，如此质直长厚，相邻有争辩，咸从。取平岁时享社，饮不择味，令人乐与。年已高，厌尘俗，委其家事于吾祖，讳纬，吾父讳言，尤以不书香不继念，吾叔化、若道延甥，嘉靖甲午科第七名，李保轩公督讳焉。曾祖一意园圃，凿池引水，种莲养鱼，花卉果蓏，茂林修竹，宛然方外境也。日携宾客饮酒至数斗，醉后颓然，花草为茵，若不知天之高地之阔，其与世相忘如此。举乡饮礼，敦请不就。以年如列给，冠服终。其身不着每家，燕呼诸孙罗列，抚掌大笑曰：吾乐在是矣，此外何足多？且戒之曰：耳辈力学，恪乃是用，光我先人，有不率教，怒目视之，弗与语。没数年，叔化应己未岁荐，历教授，道领丙午乡荐，历户部尚书郎，陵举进士。吾儿洽占万历乙酉科第八名，孙枝繁衍秀发，不饥不寒，宁非积善之余存庆也耶。曾祖卒于嘉靖十九年六月二十九日，享年八十有四，葬于上坪之，原配曾祖母杨氏，继叚氏，至今称齐德云。呜呼，曾祖心不设机械而荫□可以延后，性不专章句而识见可以超时；身不离畎亩而行谊可以风世，古所谓隐隐□□其人欤，其人欤。每忆曾祖卒之年，陵方十龄，曾祖曰：□□行，分饮食。食之，夜与之卧，老年尝谓足冷，令抱足而眠，□爱周至，迄今犹可想见。已窃虑志石已填墓中。令德不传远，迺述志之。所载行实，与闻于父祖所言，谋重刻于石，永垂不朽以表孝思云。

万历十八年岁次庚寅秋八月初七日立

四川布政使司右参政曾元孙淑陵谨识 元孙溥跪书

乙卯夏月十二世孙元机谨述

附录7　王国光诗刻

太宰公诗原刻卧石志于上佛坪上祖茔缳堂大庭左窗下。清明祭归，感儿赋此：

其一

细雨初晴过上村，献浆犹若语音存。王孙落泪空瞻早，客子回家忆倚门。如泣松乌啼白昼，无情石虎卧黄昏。制词幸得蟠龙碣，奕世扬名表后昆。

其二

先世荫功在眼前，草庭槐荫岂徒然。耳边诗礼思趋命，深厚箕裘敢忘传？旷野风声悲古木，高封云气彻重泉，痴儿虚忝三朝禄，食报还应望后贤。

赐进士第光禄大夫太子太保吏部尚书，赐麒麟服，侍经筵，愚孙男王国光谨书。

万历癸未三月之吉

附录8　可乐山莹地西山修塔志

可乐山原发自艮脉，层峦重叠，峰回溪转。其山川形势若老梅生出嫩枝之状。坐坤向丑，支分秀丽，下带平田数亩。中结宽阔者一，诸山围抱，泉水环朝，隐居潜穴。自癸未岁，吾兄勉力卜为莹域，于丁亥冬，迁葬吾父于斯焉。彼有地理者云，此抑一善地也，名为回龙顾祖。再于西山之上，建修一塔，可应其善。余于丁巳春吉，以西山高丘之处，用价卜地，磐石一节，围丈九尺八寸之阔，砖砌四节，突柱清虚，共两丈七尺之高。上接云霞，远含山翠，势若星拱，昭其秀也。呜呼，人谓爽气，生□荣福厚。我谓名器。久而志不忘。人以豪强势胜为宜，我以安贫育贤为乐。故不愿一时之富贵，惟望千秋之景慕也。□忆后之视今，亦犹今之视昔，虽时殊事异，所以与怀者一也。惟愿后世之孝子贤孙，书香勿替，不忘先人用意之苦心为幸耳。

康熙十六年岁次丁巳四月初一日孝子元机谨志

附录9　重修药王庙碑记

白巷上庄有药王庙。庙上东沟有六角石井，水常盈溢。井南石壁书吾老祖名二十子文与乡间数人浚凿焉者，名圣水井，乃成化二十年四月初一日也。每年四月八日，县之远迩男妇群然梵香于庙，复在此井拜水求神药，多有验，神之庇民又可感想。今废塞凡六十年。崖下清泉散漫旁出，见者乐而修焉。因叹吾祖之不终在念也，退口其事不可泯灭。侄尧山修庙有为命可□□侄笃□协之，仆旦夕视事，改为丈余石池。池上火星庙三间，画伏羲、神农、轩辕像于中，历代良医于两壁。盖神农尝百草兴医教，明伏羲阴阳之道，开轩辕道食之功，而医道阐于天下，后世好生之德如圣水之不竭。庙食万世，师表无穷。乡民往来视此工作，虽愚夫愚妇亦喜跃焉。故此以不忘吾祖之德，以遂乡民保育之怀。

赐进士第光禄大夫太子太保吏部尚书孙王国光撰
万历二十二年四月初八日

附录10　重修水泉记

窃记先人言传，水泉经始，起自嘉靖初年，当我高高祖寿官公处世，常以义方于人，凡村居便用之物无不备具，若碾碨井泉更为人之所深谋者，每念吾乡居人繁众，所食泉井得一渊源之水，方可共用。岂意天从人愿，偶尔于祖居北山之下，中溪林壑之所凿石取炭，得此渊源之水，蠢不知其幽深所止。是时辟地，修渠引水，暗流至上碨头修石井于路西，复修渠引水于南山脚下，治其池圃，种莲养鱼，茂林修竹，设茸野庐二所，终日教子训孙："尔等力田力学，恪乃事用，光我先人。"嗣□叔曾祖户部郎中，伯祖大参公其父子叔侄兄弟果皆□达位、膺厚禄、封前锡后，增修遗业。因而吾祖教读公亦修龙掌前新社，遂按此水于斯焉。修成石泉，故名为水泉头。原泉水混混，昼夜水声潺潺，公同乡用之不竭。余流而仍泻溢于田园之域。余堂曾祖太宰公伏履优游，因修与乐园于其旁，刊先贤诗赋于其上，盖取与乡同乐之意，真可谓一方之胜筑也，于乎迄今百有余岁，享庇无穷，至甲午乙未之间，山水冲塞原渠，于丙申春，乡众亲友共议重修一复如故，于丁巳夏六月十三日，大雨如注，鸡鸣而起，午后方止，山水又将原渠冲坏，蒙众乡亲复议创建者难，重修者易，再当重修旧源，使水有所归，而功易成矣。于是择定八月开工，九月告竣，则后人踵事增修之功，与先人之祚□乎均不泯矣。谨书此以志其事焉。

元机谨撰　道亨重抄

咸丰建元正月毂旦

附录11　王氏家谱跋

　　道光庚戌岁，家居无事，偶阅家承，见有吾十二世叔祖元机公手订本支宗谱一册，志吾王氏家世始迁本潞安府小石桥，继迁居可乐山，三迁至白巷里。以及祖若宗，积德累仁，嘉言懿行，并世代宗支无不备至，开卷真了如执掌。但迄今又百有余岁矣。子复生孙，孙复生子，支繁派别。若不及时增修，转瞬迁延，恐远莫能徵，俾后之人识前光而昧后继，噫！是谁之过软？因谨仿其志，先图为世系，重亲亲也，使木本水源之思触目了然。复详具支派，光前列也，将先人之积德、世代封赠，并本身之科第官阶一一详注于本名之下，使后□□斯谱者，各亲其亲，而长其长，并晓然于祖若宗之书香□振，表炳寰区，数庶可以感动其愤发有为之志也，已然后之视今亦犹今之视昔，将数十年后有能继吾志，睹斯谱，而及时增修焉，是尤予之所厚望也，是为跋。

十八世孙道亨谨志

咸丰建元新正月毂旦

附录12　王氏之家格言摘录

　　国正天心顺　官清民自安

　　妻贤夫祸少　子孝父心宽

　　效张公多书忍字　法司马广积阴功

　　书到用时方恨少　事非经过不知难

　　祖宗虽远祭祀不可不诚　子孙虽愚经书不可不读

　　燕山窦十郎教子有义方　灵椿一株老丹桂五枝芳

　　绍祖宗一脉真传克勤克俭　教子孙两行正路惟读惟耕

　　维修王氏族谱凡例

　　一族谱立义，上纪祖宗以敦本，下联子姓以睦族。今自始祖以逮支祖、派祖标列总图于前，由支祖、派祖以逮子姓详次分图于后，不惟便于考稽，且见亲疏、远近俱本始祖一人支分派别，各从昭穆以序。

一徵访族间子姓固不可遗，亦不可滥，如昌姓之女户螟蛉等概置不录，所以防乱宗也。

一旧谱未载字号，世远代湮，而上世多致失忘，今兹重修。此先世失记则已，但有考据者一概记入。

一谱内于发妻则书配某，于继氏则书继某氏，于妾之有子者则书副某氏，所以严嫡庶正名分也。

一族间子姓间有迁徙外境不知去向者，姑载失传以图续入。彼迁徙有地可指者，必详书地名，若有人无地可指者，则书流寓于外，至于绝支，非确无可疑者，不可轻书止字，以失宗派。

一谱内于承继旁支者，于本生父下必著明某子嗣某者，不没所自出也。至其名字，详书于所嗣父下而孙枝系焉明衍，后承宗之义也。

一谱内于出继外姓严入赘他氏未归宗者，必详书之于其父下仍存世□□便核实归宗。

附录13　金妆太清诸神圣像并修补二卧碑记

吾邑崇仙庵代不可溯，元道士夷然子实重建之，迄今上丁未岁三百，□三圮、三复尔来相续底绩，庙貌焕然，洵邑中一无上法界，云殿中大清，而关帝、真官两环峙焉。夫太清道德变化，真官鉴察，贞谣其功德。□关帝鼎立，以禅于世日者，太清真官犹属土偶□。王圣感召，有两灵夹耶，特神之□为孔赫，人知而畏。嘿为麻庇人食而不觉耳，何异乎金土殊观也，甚非所以妥神灵□祺祉也。家君训非海抵里，目击而心恫曰，神为一方主宰□灾捍患祈福降祥□嘉赖之故人不□选胜地，损重资拓规模而大焉者，意可知也。兹仅仅作如是相，则新其宇而□毛其神靰与尊其神，而朴陋其宇者犹可达，答灵□于万一也。用是日，图藻彩，苦无绘工，竟不果。适河东马均王君两年丈以绘工，其走余家。君跃然曰，太清游西土，令工自西来觉，亦神之意旨也耶。遂募缘金妆，已而玉皇三官如马君一切为就绪。岁次第，举之不□。月余而北左右王映金辉，趋□其中者犹乎在无上法□矣。今而后庸肆其功德，以保□我邑人。我邑人世世奉祀，勿敢坠止于事神康民，岂不两无负哉。

明万历四十二年十二月吉

晋进士邑人笔洞居士王徵俊谨记

附录14　先贤家规教子格言摘录

山左王忠勤公教子，云所存者，必皆道义之心。非道义之心，勿汝存也，制之而已矣。所行者，必皆道义之事。非道义之事，勿汝行也，慎之而已矣。所友者，必皆读书之人，非读书之人，勿汝友也，远之而已矣。所言者，必皆读书之言，非读书之言，勿汝言也，诺之而已矣。其后世恒，书此数语于屏□间，以为训。

忠勤公之孙王方伯公，年九十余，读书排纂不辍。虽盛夏，衣冠危坐，未尝见其科□。常揭一联于厅，事云绍祖宗一脉真传，克勤克俭，教□□两行正路，惟读惟耕，□中又一联，云，容□□□能，容□□所不忍，又作自祭文，云，不敢丧心，不求满意，能甘淡泊，能忍闲气，九十年来，于心无愧。可偕众而同游，可含笑而长逝，盖实录云。

苏门孙徵君，钟元先生尝题壁，云人生最□恋者，过去最冀望者，未来最悠忽者，见在夫过去已成逝水，勿容□也，未来□如捕风，勿容冀也。独此见在之顷，或穷或通，时行时止，自有当然之道。应尽之心乃悠悠忽忽，姑俟异日，诿责他人，岁月虚掷，良可浩欢。

又云，贫贱立品，富贵立身，方是天地间真男子。成德每在困穷败身，多因得志。

又自赞云，幻读诗书，妄意青紫，长知立身，颇爱廉耻。虽困公车，屡蒙□起骨□□薄捕，慕荣仕衣，厌文锈食，甘糠粃隐，不在山逸，不在水隐。于举人七十年矣，绕膝多男，及门有士，老而学，易欲探厥旨，聊以卒岁，如斯而已。

又云，□来士大夫绝不讲家规身范。故子孙鲜克由礼，不旋踵而辱身，丧家者多易。祖父不能对子孙，子孙不能对祖父，皆其身多惭德者也。家中之老老幼幼夫夫妇妇各无惭德，此便是义皇世界，孝友为政，政熟有大□者乎。

三原王端毅公遗事，则公子康敏公所述一编，聊録一二，则以自警公家法悬□□孙。虽孩提无敢嘻笑于侧，盛暑中必使著衣袜，始侍□□。尝曰教尔□读书，非为利达计，也正欲使知为人底道理。

又公谢政后，有一通家子在官，寄茶一篓，公受之后，复寄二篓，亦受之但答书，云令先君为时名臣。吾子宜清白律已，勿替家声，何劳为先君老夫之故。数数寄赠，吾受之心，甚不安。此后勿再寄，寄亦不受矣。

公尝问门人蔡虚斋曰，今学者满天下，何故异才难得？门人对曰，是固有由上之人，所以养之者，本来尽其道，下之人，又幸际时之升平，而售之急，耳以生所见言之如生。稍如章句训诂，人便举而进之，于学官矣，未几非经义补或篇，便得补廪。又未几作三场文，便期中举人中进士矣。一中进士，则官已到手，或无暇于学，或自以为无用学矣。其仕而能学者，无几盖识见既浅，践履必薄，规为必粗非所谓。俟其熟而食之者，也况自幼入小学，所学多非学做人之实事。人才之不如古以此。公曰然，吾儿子承裕今年二十三丙午年已中举人，然吾未欲其急于仕，且令静览群书，问阅世务，□他日得实用尔。承裕即康敏公仕至户部尚书。

宣称徐翁尚书元太父，官浙江某县典史，偶以言忤巡按御史，受辱，朴责羞愤□□。归时，尚书与弟通正元气皆失学。翁每流涕，忽忽不□□书。兄弟跪请其，故曰，尔兄弟皆废学，吾无后矣。因述受□直指事，复流涕不已。尚书兄弟曰，儿辈不类，自今愿力学，以慰大人心愿，勿悲也。乃发愤。下帷兄弟相继登尚书，□选得某府推官，即直指之家也，心私，喜得报父怨濒行。置酒，戚友毕集，候翁出，称触翁称疾，坚卧不起，尚书入跪，问故，且言此行，□得报夙怨，何反不乐为？翁曰，此吾所以病也。吾为小吏，当日诚不为，无过。但直指

山西古村镇系列丛书

稍过当耳。且缘渠扑责，激而罢归，教子以有今日。则直指乃吾恩人，非仇也。汝思报怨，吾所以病，汝□当以吾言，开心告之，尽捐夙嫌，是吾子也，否则非吾子也。尚书唯唯，翁乃起尽欢而罢时直指久失职家居，闻尚书来，恐甚，郊迎尽礼。尚书首述，父命誓无芥蒂自是，情好甚洽。后翁跻大耄三子，皆成进士，两登九列，□此与蔡确又黄裳濒，死属其子，必报陈氏，确既登政路，遂以事实恭。公子世儒极典贤不肖霄壤矣。

商邱沈文端公，家居生日。族人上寿时，明神宗遣使存问，从弟某私语，公曰兄位享宰相，蒙恩存问，而群从。子姓济济如此，可谓盛矣。公愀然久之，曰弟以为盛，吾方忧其衰耳。弟愕然问故，公曰吾乡宗立□。太宰公家法可敬，彼方当贵盛，吾家不及也。□□□生日，吾预其家宴，座中子弟数十人，不闻饮啖声，□□□□。见诸子弟饮啖不顾长者，家法如此。是以知其衰□，后沈再传，遂不振。而宋壮敏公，从孙文康公，权位宰相。文康公长子中丞□，今为江苏巡抚。家规之严否有阕乎？后世之盛衰，人可不警欤。

附录15　王氏律条摘录

诉讼门，六条

一告祖父母父母者，虽得实，杖一百，徒三年。诬者绞。

一告期服者，虽得实，杖一百，诬者加本罪三等。

一告大功服者，虽得，实杖九十，诬者加本罪三等。

一告小功服者，虽得实，杖八十，诬者加本罪三等。

一告缌麻服者，虽得实，杖七十，诬者加本罪三等。

一子孙违犯祖父母父母教令，及奉养缺者，杖一百。

骂詈门，六

一骂祖父母父母者，绞。

一骂胞兄者，杖一百。

一骂伯叔父母者，加骂胞兄，罪一等。

一骂大功服者等辈，杖七十，尊属加一等。

一骂小功服者等辈，杖六十，尊属加一等。

一骂缌麻服等辈者，笞五十，尊属加一等。

□殴门，六条

一殴祖父母父母者，斩。

一殴胞兄弟者，杖九十，徒二年半。

一殴伯叔父母者，加胞兄，罪一等。

一殴大功服等辈者，杖七十，徒一年半，尊属加一等。

一殴小功服等辈者，杖六十，徒一年，尊属加一等。

一殴缌麻服等辈者，杖一百，尊属加一等。

□例，十条

一谱依欧阳氏法，以五世而上下之则，五服可孜。

一祖父受封赠者，书本名下，以见恩荣显扬之盛。

一功名不论大小，书本名下，以勉励后人。

一继嗣本生父母下书名，其子孙书嗣父母下。

一少亡无后者，此谱不书，其名书统宗谱内。

一本名下不书子，不书止者。有义子，名书统宗谱内。

一书五服图者，使后人知亲疏之分，生其恭敬之心。

一书大清律者，使后人知尊卑之严，绝其期凌之念。

一讳相犯者，即改。若双名犯者，一不论。

一赐麟堂题目录。

—— 后 记 ——

　　2000～2004年期间，我们在承担有关传统剧场建筑的国家自然科学基金课题研究时，曾去过上庄村两次，惟比较匆忙，没有过多的时间去品味。虽如此，对其丰富的建筑遗产还是印象很深。2005年，因承担"山西省古村镇普查"项目，我们再次到上庄村调查，这次时间较为宽裕，对村落的整体情况作了较为深入的了解，同时也被其深厚的文化、优美的街巷、壮观的官宅、独特的看家楼所震撼。这次调研事先和村委会取得联系，村委李兵生书记、赵直余主任热情接待了我们。在交谈中，也了解到他们非常重视建筑遗产的保护工作，一直不遗余力地围绕着古村落的保护进行着相关工作，如资料的收集整理、历史建筑的日常维护、保护政策的制定，等等。

　　2006年7月，我和我的同事张育南博士带领我校建筑学专业四年级（五年制）的48名同学对上庄村的历史建筑进行了测绘。记得在测绘之前，我征求过几位学生代表的意见，问及他们"古建筑测绘实习"愿意选择北京的古建筑，还是山西的古村镇。当然，如果在北京测绘的话，不必长途跋涉，住宿和饮食条件也好得多。但是，几位学生代表还是一致选择了山西古村镇。他们也明白，北京重要的古建筑大部分已经测绘过，再测似乎就是嚼骨头，更重要的是，他们热爱山西的那些古村镇，也愿意为古村镇的保护做些工作。所以，我和学生们一拍即合，选择上庄村作为测绘对象。

　　在上庄的测绘中，上庄村李兵生书记、赵直余主任以及王晋强、王斗亮同志，都给予我们极大的帮助。他们从另一个村的寄宿制小学里搬来40余张床，新购买了床单和枕头。淳朴的村民也很热心。他们摘了自家的苹果送给学生，几位大娘还做了地方小吃让学生们品尝。我们的学生和村民之间建立了深厚而淳朴的友谊。2007年4月底，不少学生得知我们再去上庄村时，把他们以前拍得照片洗好，托我们送给村民。我们到了上庄村时，被问的最多的一个问题就是："那个娃怎么没有来呀？"他们相互惦记着。

　　也许对于大多数人而言，都有兴趣参观和欣赏这些古村镇。但是要住下来，长时间进行深入调查研究，就不一定能耐得住寂寞和清贫，也不一定能适应古村镇相对艰苦的环境。令人欣慰的是，我的几位学生刘烨、王鑫、王力恒、欧曼等愿意在古村镇的研究和保护方面做些工作，他们的热情很高，在我和于丽萍副处长的指导下，一起完成了上庄村的调查研究工作，撰写了相关章节的初稿。

丛书在山西省建设厅总规划师李锦生的关心和指导下，由山西省建设厅村镇建设管理处处长张海总体策划，副处长于丽萍组织实施。本书是丛书的首卷，更是得到了他们格外的关注和支持。感谢我的同事刘捷博士，她通阅全书，提出很好的修改建议。也特别感谢我的同事张育南博士，他和我一起带领学生做了上庄村历史建筑的测绘。感谢上庄村李兵生书记、赵直余主任提供的帮助，感谢上庄村王晋强、王斗亮两位同志，他们以祖先的辉煌成就为荣，以保护这些文化遗产为责任，做了大量的工作，也对我们的调查研究给予了多方面的帮助。他们的热情感动了我们，也使得我们在上庄村的工作非常顺利，使我们在上庄村调查时无比开心和愉悦。

最后，祝愿上庄村的文化遗产留存千古，并得到合理利用！

薛林平

北京交通大学建筑系

2008年10月30日

附
录